José Helder de Souza Andrade

Segurança X sensação de segurança

EDITORA
CIÊNCIA MODERNA

Segurança X sensação de segurança
©Editora Ciência Moderna Ltda 2002

Todos os direitos para a língua portuguesa reservados pela EDITORA CIÊNCIA MODERNA LTDA.
Nenhuma parte deste livro poderá ser reproduzida, transmitida e gravada, por qualquer meio eletrônico, mecânico, por fotocópia e outros, sem a prévia autorização, por escrito, da Editora.

Editor: Paulo André P. Marques
Supervisão Editorial: Carlos Augusto L. Almeida
Produção Editorial: Tereza Cristina N. Q. Bonadiman
Capa: Amarílio Bernard
Diagramação: Érika Loroza
Revisão: Daniela Marrocos
Assistente Editorial: Daniele M. Oliveira

Várias **Marcas Registradas** aparecem no decorrer deste livro. Mais do que simplesmente listar esses nomes e informar quem possui seus direitos de exploração, ou ainda imprimir os logotipos das mesmas, o editor declara estar utilizando tais nomes apenas para fins editoriais, em benefício exclusivo do dono da Marca Registrada, sem intenção de infringir as regras de sua utilização.

FICHA CATALOGRÁFICA

Andrade, José Helder de Souza
Segurança X sensação de segurança
Rio de Janeiro: Editora Ciência Moderna Ltda., 2002.

Segurança privada
I — Título

ISBN: 85-7393-199-X   CDD 658.38

Editora Ciência Moderna Ltda.
Rua Alice Figueiredo, 46
CEP: 20950-150, Riachuelo – Rio de Janeiro – Brasil
Tel: (021) 201-6662/201-6492/201-6511/201-6998
Fax: (021) 201-6896/281-5778
E-mail: lcm@lcm.com.br
www.lcm.com.br

Dedico este livro à minha esposa Lucila, e aos meus filhos José Renato, Luiz Guilherme e Maria Clara, que a cada dia conseguem me surpreender, excedendo as minhas expectativas com suas admiráveis habilidades de proporcionar e oferecer amor e carinho.

Agradecimentos

É realmente muito difícil agradecer; foram muitos os que, direta ou indiretamente, contribuíram para que este livro se tornasse realidade. Acho que é normal o aperto que estou sentindo no peito neste momento. Talvez seja o receio do esquecimento. Esquecer de alguém que tenha sido importante. Se acontecer, me perdoe. Primeiramente, quero agradecer aos meus pais, Andrade e Alice. Considero-os exemplo e modelo de amor e perseverança, pois, com todas as dificuldades, souberam com simplicidade criar, educar e proporcionar o conhecimento que hoje seus filhos possuem. Agradeço ao Renato e Mônica,

Segurança X sensação de segurança

responsáveis pela existência de minha esposa, Lucila e, conseqüentemente, meus filhos, José Renato, Luiz Guilherme e Maria Clara; razão de tudo. Considero-me abençoado pelo constante apoio que sempre recebi de todos os meus parentes; portanto, agradeço-os de coração. Agradeço aos meus irmãos, Sérgio e Cida, pela constante torcida, pois sei que rezam diariamente pelo meu sucesso. Meu amigo Alexandre (alemão), Maria Paula e Letícia Zambrano, por todo o apoio, carinho e incentivo. Agradeço aos amigos da Editora Ciência Moderna, na pessoa do meu amigo Paulo André, que possibilitou, acreditou e me fez acreditar ser capaz de escrever este livro. Agradeço ao meu primo e irmão Paulo Reis todo o apoio e incentivo, pois foi ele a primeira pessoa que me fez acreditar realmente que o entusiasmo que sentia pelo meu trabalho poderia ser transformado em um livro. Agradeço aos amigos Luis Carlos Rigo Rocha, Ricardo Seabra e Gonçalo Caramuru, por terem proporcionado o sonho que se tornou realidade. Em especial, ao amigo e conselheiro Caramuru, todo o apoio, orientação e amizade. Agradeço ao meu irmão, sócio e amigo Ivo de Carvalho, por ter acreditado no meu trabalho, me encorajando, aconselhando e apoiando; me fazendo sempre acreditar que o sucesso só é possível quando realmente acreditamos que somos capazes de alcançá-lo. Agradeço ao amigo Dr. Cláudio Fausa

Agradecimentos

pelos conselhos, observações, postura ética, amizade e apoio, pois foram de suma importância para a conquista dos nossos objetivos. Agradeço ao meu amigo Ednílson Humelino, Assessor da diretoria, que me amparou e apoiou o suficiente para fazer com que minhas idéias adquirissem ressonância; seu apoio foi essencial para que este livro se tornasse realidade. Agradeço ao meu amigo Willian Alvim, Gerente operacional, pelo incansável suporte técnico e principalmente por sua dedicação e lealdade. Agradeço ao meu amigo Luis, das Lojas Palomar, todo o apoio, amizade, atenção e carinho com que sempre nos atendeu, pois sem o seu apoio, certamente não teríamos o mesmo sucesso. Agradeço ao meu amigo Iran de Carvalho, Gerente administrativo, por sua conduta ética, dedicação, amizade, carinho e empenho, contribuindo de forma significativa para o crescimento de nossa escola. Agradeço ao meu amigo Jeremias, Coordenador de instrução, por sua inestimável e preciosa ajuda; humildade, respeito, competência, eficiência e eficácia são as suas principais qualidades. Agradeço aos meus amigos, Elmo Vaz (eterno campeão), João Carlos, Marcelo Ulisses, Cláudio Cândido e Sergio Andrade, Instrutores da Forbin, pela afeição, carinho, atenção, comprometimento e profissionalismo dedicados aos nossos alunos. Agradeço ao meu amigo Ernandes Carvalho, Esquadrão Antibombas, pelo enor-

Segurança X sensação de segurança

me apoio nos cursos de Formação Especial. Agradeço aos eternos instrutores e amigos audazes: Armando, Marcos, Sérgio Murilo e Guimarães, que fizeram e sempre farão parte da nossa história. Agradeço as profissionais do Setor de recursos humanos, Dra Elisabete, Alessandra, Fernanda, Josyane e Viviane, todo o apoio, carinho, sensibilidade, afeto, paciência e profissionalismo dedicados a todos os clientes internos e externos. Agradeço aos profissionais do Setor de medicina do trabalho, Dra Márcia, Dra Sônia e Dr. César, pelo excelente trabalho desenvolvido na escola, sempre demonstrando abnegação, renúncia e desprendimento, características marcantes da profissão. Agradeço aos nossos Monitores de instrução, Anderson Carvalho, Aloísio, André, Cláudio, Daivson, Emerson e Isaac, pela união, esforço, determinação, empenho e profissionalismo, qualidades marcantes e comuns em cada um deles. Agradeço ao Sr. Alvim e Tison, Setor de recarga, todo o carinho, atenção, dedicação, comprometimento e profissionalismo, para que todo o trabalho seja coroado com êxito. Agradeço aos profissionais do Setor de informática, Vinícius, Encarregado do setor, e colaboradores, Anderson, Wallace, Welington, Júlio César, Márcia e a todos da "Informatec", Mário e Beth, Vinícius e Silas, pelo cuidado, capricho, atenção, prudência, dedicação, zelo, carinho e profissionalismo com que tratam todos os docu-

Agradecimentos

mentos e processos da escola. Agradeço ao Flávio, do Serviço de atendimento ao cliente, pela paciência, persistência, educação e respeito com todos os nossos clientes. Agradeço aos profissionais do Setor administrativo financeiro, Carla, Toni Carvalho, Marcelle, Menezes e meu amigo Mário (Marinho), pelo cuidado, dedicação, cautela, calma, atenção, velocidade, educação e respeito, qualidades imprescindíveis para o setor em questão, pois qualquer falha compromete todo o processo. Agradeço ao Setor de atendimento e recepção, Adriana, Carla e Viviane, pela simpatia, atenção, dedicação, comprometimento, respeito, entusiasmo e profissionalismo com que tratam todos os alunos e clientes externos. Agradeço ao Setor de serviços gerais, Sr. Fernandes, Sr. Ivan, Jander e em especial à tia Rita, pelo esforço, dedicação, empenho, afeto, zelo, simpatia e educação com que tratam todas as pessoas. Agradeço a equipe de obras, comandada pelo Dr. Hélio e Noelson, por todo o esforço e empenho, para que os objetivos sejam alcançados dentro do prazo previsto. Este livro também não poderia ter sido escrito sem o apoio de todos os nossos "clientes empresas" que, direta ou indiretamente, participaram com comentários, observações e críticas; proporcionando-nos gradativamente a chamada "melhoria contínua", enviando seus vigilantes para que fossem formados, reciclados e treinados. Gostaria de agradecer a todos os meus amigos que se tornaram uma extensão do meu círculo familiar. Não poderia deixar de agradecer a professora Sílvia Cecília e professora Ricamar, da UGF, todo o apoio, atenção e compreensão, pois tiveram importância fundamental na conclusão deste livro. Sou grato também pelo profissionalismo, respeito, cordialidade, confiança e educação com que nos tratam os profissionais que atuam nos órgãos fiscalizadores, Delesp (Departamento de Polícia Federal), Degae (Secretaria de Segurança) e SFPC (Ministério do Exército). Finalmente, gostaria de agradecer a todos os meus amigos, audazes páraquedistas, pois durante dez anos (1978 a 1988), participaram significativamente de minha formação militar, civil e profissional. Se a Forbin hoje é uma escola séria, respeitada e com uma filosofia bem-estruturada, devo ao Exército Brasileiro, C.P.O.R/RJ, e especialmente a Brigada de Infantaria Pára-quedista. A todos, o meu muito obrigado.

"Brasil, acima de tudo."

Sumário

Introdução XIII
Como administrar conflitos e problemas 2
Uma história com "H" 10
Poder de convencimento 14
Força de presença 22
Como aprender com o erro dos outros 30
Detalhes importantes em segurança privada 34
Posicionamento superior 40
Diplomacia 44
Usar a "força da lei" como uma ameaça 48
Segurança X sensação de segurança 52
Condicionamento reflexivo 60
Vocação 64

Segurança X sensação de segurança

Dedicação 68

Constância de treinamento 74

Percepção 80

A importância da percepção para vigilantes
com especialização hospitalar 88

A importância do entusiasmo para
os profissionais de segurança 92

A importância da imagem para um profissional
de segurança privada 96

A importância de se conhecer
o pensamento do inimigo 104

Por que tantos problemas financeiros? 112

A importância da educação financeira
para profissionais de segurança 118

O vôo da águia 126

"Coisas de Deus..." 130

Uma arte milenar 136

Qualidade comportamental, equilíbrio
e inteligência emocional 146

Erro estratégico 154

Meu chefe é incompetente 160

Muito mais importante que o diploma é o conhecimento 166

Qualidade e estratégias de atendimento 172

Saber ouvir é uma virtude 176

Os olhos do dono engordam o boi 180

Mais estratégias de atendimento com qualidade 188

Vigilante: águia ou galinha 192

Onde foste formado 196

Introdução

Os profissionais de segurança privada estão preparados para enfrentar com sucesso as ameaças existentes nesse mercado? No livro "Como salvar seu emprego", do americano Paul Timm, professor da Marriott School of Management, o autor começa com uma paródia, a qual adaptamos para a nossa realidade:

"Dois vigilantes deram de cara com uma enorme onça feroz. A onça farejou-os e começou a persegui-los. Depois de correr alguns metros, um dos vigilantes pôs

Segurança X sensação de segurança

a mochila no chão, livrou-se dos coturnos e começou a calçar rapidamente um par de tênis de corrida bem leve. O outro vigilante gritou:

- "Está maluco? É impossível correr mais que uma onça".

O outro vigilante sorriu e falou, olhando para trás:

- "**Não preciso correr mais que a onça. Só preciso correr mais que você!**".

No início da década de 90, vivemos a febre da qualidade. Todos se preocupavam com a qualidade. Qualidade de vida, de produtos, de serviços; enfim, qualidade total. Mas na verdade, não foi tão fácil assim. No início, representantes de empresas de segurança privada assistiam e participavam de palestras, seminários e programas de treinamento sobre gerenciamento da qualidade. Entusiasmados com o que ouviam, retornavam tentando a todo o custo divulgar a nova doutrina nas empresas em que trabalhavam. Entretanto, os principais dirigentes que haviam decidido participar, na última hora inventavam uma desculpa qualquer e fugiam das salas de aula. Quando o "número um" não participa efetiva-

Introdução

mente desses programas, o resultado é sempre desastroso. O caminho percorrido foi muito mais complicado do que se pode imaginar. Muitas empresas de segurança privada "quebraram" por não ter conseguido entender que todo o processo para a conscientização da qualidade deve começar pelo Diretor-presidente. Ele tem por obrigação conscientizar os seus diretores, que por sua vez devem conscientizar os seus gerentes, que devem conscientizar os seus supervisores e fiscais de segurança privada, que finalmente conscientizam os vigilantes.

No final da década de 90, vivemos o período das incertezas, do estresse emocional, das lamúrias, dos conflitos e da inquietação. Inúmeras empresas, como último recurso, tentaram os mais modernos processos de reestruturação e reorganização para sobreviver. Resultado: demissões em massa. Hoje vivemos no novo milênio, na era do conhecimento, e constantemente ouvimos a palavra "globalização". A maior preocupação no mundo é com o desemprego, pois com ele haverá sempre a fome, a miséria, as doenças; enfim, tragédias. A insegurança, os riscos, o descontrole emocional, o stress e o medo são fatos que estão presentes em todos os países do mundo.

Segurança X sensação de segurança

A tendência administrativa continua sendo a de "enxugar", mantendo a todo custo o número de funcionários necessários às suas atividades; assim, os objetivos deste livro são: 1) conscientizar profissionalmente o vigilante, propondo métodos simples, mas eficazes, para que este profissional de segurança privada possa, além de defender seu emprego, alçar vôos cada vez mais altos neste segmento; 2) proporcionar aos leitores, leigos no assunto, os conhecimentos básicos de segurança privada, para que possam enfrentar com melhores chances de sucesso todas as ameaças e situações críticas existentes, e também avaliar e analisar corretamente outros procedimentos ligados ao segmento.

Apesar do grande número de vigilantes existentes no mercado, existe uma dificuldade enorme para atender, num processo seletivo, às exigências do cliente. São vários os fatores que dificultam o recrutamento e seleção. Entre eles podemos citar: escolaridade, distância do local de trabalho, problemas criminais, problemas sociais, etc. Porém, o que mais nos chamou a atenção foi a carência de vigilantes capazes de administrar conflitos e problemas. Grande parte desses profissionais, em razão

Introdução

da falta de conscientização profissional, cria conflitos e problemas, ao invés de administrá-los. Muitas empresas, ao contratar determinados vigilantes, contratam o próprio problema e, normalmente pagam muito caro por isso. Portanto, nosso objetivo é passar os conhecimentos básicos de segurança privada de uma maneira bastante simples, para que o vigilante possa adotar como suas, as metas da empresa onde trabalha, administrando melhor o seu tempo, organizando-se com mais eficácia e assim, através do conhecimento adquirido, possa galgar gradativamente novos degraus nesse mercado altamente competitivo. É importante que não permaneça estagnado, esperando pacientemente que as oportunidades caiam do céu. A conscientização profissional, aliada à qualidade comportamental e ao equilíbrio emocional, aumentará a credibilidade do vigilante junto aos clientes; tal afirmativa baseia-se em estudo científico apresentado à UGF – Universidade Gama Filho, como monografia do curso de pós-graduação em Gestão de Recursos Humanos.

"*A maior descoberta da minha geração é que os seres humanos podem alterar suas vidas através das mudanças de suas atitudes mentais*".

Willian James

Como administrar conflitos e problemas

Lembro-me de um vigilante, muito educado e boxer profissional, que deu o seguinte depoimento: "Estava atuando na porta giratória de um banco quando aproximou-se um indivíduo moreno claro, alto e forte, bem vestido, que trajava calça jeans, camisa de linho para fora da calça e sapatos finos. Usava um cordão, pulseira e relógio de ouro. Aparentava uns 40 anos, cabelos aparados e barba bem-feita. Estava bastante agitado e nervoso. Seus olhos estavam avermelhados. Ao tentar entrar na agência, foi impedido pela porta automática: —Seu vigilante de merda, abre essa porra. E continuou num tom enraivecido: – Seu pai deve ser um corno. Era recém-chegado ao posto, ainda não conhecia os clientes do banco. Aproximei-me com cautela e com todo o respeito respondi: – Senhor, sou eu que peço desculpas, o senhor está portando algum objeto de metal? Ao dirigir-me ao indivíduo, avaliei a situação. Usando minha percepção, achei que os riscos de uma ação criminosa eram remotos; contudo, continuei atento. O indivíduo continuou: – Seu vigilantezinho de merda, tua mãe está na zona? Outros clientes chegavam e se acumulavam próximo à porta: – Senhor, deixe que as pessoas entrem; vou tentar ajudá-lo em seguida. E ele, enfurecido, disse: – Porra nenhuma, ninguém sai, ninguém entra. Meu objetivo, na verdade, era fazer com que aquelas pessoas me apoiassem; assim, olhei para todos e me desculpei pelo transtorno. Todos com gestos simples me apoiaram e nitidamente passaram a criticá-lo por sua atitude. Era exatamente o que eu precisava. Novamente me dirigi ao indivíduo: – Senhor, quero ajudá-lo. Estou cumprindo ordens, preciso do meu

Segurança X sensação de segurança

emprego. Havia pedido ao meu colega de serviço que chamasse o gerente comercial do banco. Assim que o gerente o viu, pediu-me que o liberasse imediatamente; e assim foi feito. Tratava-se de um cliente muito importante para o banco; suas aplicações deviam ser altíssimas naquela agência. Podíamos perceber pelo tratamento que recebia. As pessoas que presenciaram o fato ficaram revoltadas com o que viram e, sem que eu pedisse, dirigiram-se ao gerente geral do banco para que eu não fosse prejudicado. Entretanto, não foi preciso, pois o próprio indivíduo, mais calmo, retornou e pediu-me milhões de desculpas. Segundo ele, estava passando por uma crise conjugal e outros problemas de ordem pessoal; por isso estava com os "nervos à flor da pele". Através desse relato, podemos facilmente entender porque muitos clientes optam por profissionais de segurança privada. Vocês já imaginaram o que teria acontecido se no lugar daquele vigilante estivesse um policial? Sem sombra de dúvidas, teria usado - coberto de razão - o seu "poder de polícia", e o caso teria sido administrado de forma completamente diferente. Certamente terminaria numa Delegacia policial. Vocês têm idéia do

Como administrar conflitos e problemas

"feedback" de compensação? Com certeza aquela conta milionária teria sido encerrada e certamente a empresa de segurança perderia o serviço. Muitos vigilantes, que não tiveram "nada a ver com o pato", perderiam seus empregos e suas famílias... Observem que não seria bom para ninguém.

A principal atribuição e missão de um profissional de segurança é **administrar conflitos e problemas**. Há bem pouco tempo, as características que o mercado exigia eram outras. Hoje, iniciativa, bom-senso e discernimento são qualidades imprescindíveis aqueles que trabalham em segurança privada. Aos que pensam que ser vigilante é "bater de frente", "dar tiro", "agredir", "brigar" e "discutir", aconselhamos que mudem urgentemente a maneira de agir e de pensar, que não tenham vergonha de progredir na vida ou que mudem de profissão. Assim, estarão prevenindo problemas gravíssimos que certamente marcarão para sempre suas vidas. A fase dos "leões de chácara" é coisa do passado. Alguns ainda resistem às mudanças e certamente estão fadados ao fracasso. Algumas empresas, por falta de investimentos na área de

Segurança X sensação de segurança

recursos humanos, ao invés de contratar profissionais de segurança capacitados para administrar conflitos e problemas, contratam o próprio problema e o próprio conflito; comprometendo muitas vezes a imagem construída ao longo de muitos anos; isso quando não pagam indenizações milionárias.

Um profissional de segurança privada precisa ter consciência de que não é militar e nem tem poder de polícia. Segurança Privada, Segurança Pública e Forças Armadas são atividades totalmente distintas. Cada um com a sua importância e competência. Assim, costumamos falar que, muitas vezes, é necessário transformar nosso estômago em pântano; de tanto sapo que precisamos engolir para que o nosso objetivo seja alcançado. Principalmente, quando através do nosso sentimento, percebemos que o conflito/problema é por descontrole emocional do cliente. Neste caso, todo o cuidado é pouco para que consigamos administrá-lo com êxito; comportamento gera comportamento. É necessário que estejamos sempre pensando em prevenção; pois, como sabemos, atitudes preventivas representam segurança.

Como administrar conflitos e problemas

É sempre importante lembrar que em segurança privada, uma resposta correta pode não ser a ideal. O vigilante deve sempre tentar perceber qual é a real intenção do criminoso. Se o vigilante não for perspicaz, poderá causar problemas e conflitos, ao invés de administrá-los. Existe uma história que exemplifica bem este assunto. "Havia um velho sábio, bastante respeitado e querido por todos os moradores daquela cidadezinha do interior. Havia também um grupo de garotos bastante levados, que tinha por objetivo desbancar o velho sábio: -Hoje nós vamos acabar com essa história de que ele não erra. A gente pega um passarinho bem pequenininho, coloca entre as mãos e pergunta a ele o que temos nas mãos. Como ele é sábio, certamente vai acertar; aí é que nós vamos fazê-lo errar. Nós vamos perguntar se o passarinho está vivo ou morto. Se ele responder vivo, nós apertamos o pescoço e mostramos que está morto; se falar que está morto, nós abrimos a mão e deixamos o passarinho voar. De qualquer jeito ele vai errar. Assim fizeram, pegaram o passarinho, colocaram entre as mãos e partiram eufóricos ao encontro do velho sábio: -O que temos entre as mãos? Perguntaram ansiosos pela resposta. O velho sábio olhou atentamente e respondeu: **-Um passarinho**. Imediatamente os moleques perguntaram: **-Está vivo ou morto?** O velho sábio analisou e avaliou a pergunta, observando-os atentamente; em seguida, respondeu olhando-os nos olhos: **-Depende de vocês. A vida ou a morte deste passarinho está nas suas mãos"**

Observe que, se o velho sábio respondesse corretamente, sem preocupar-se com o que havia por trás daquela pergunta, teria, na verdade, cometido uma falha enorme; ou melhor, teria "sem intenção" provocado a morte daquele passarinho. Em segurança privada é assim; se não estivermos atentos às conseqüências de uma simples atitude, ação ou resposta, poderemos ser os responsáveis por prejuízos incalculáveis.

É necessário entender a real importância dos profissionais que atuam no segmento segurança privada.

"Quanto mais duro o conflito, mais glorioso o triunfo".

Thomas Paine

Uma história com "H"

Em 1988 eu trabalhava numa multinacional ligada ao segmento de segurança privada, e participei de uma reunião onde foi divulgada uma reportagem publicada numa revista brasileira, que falava do Japão e dos Estados Unidos. Era uma reunião de diretoria, onde o palestrante, Diretor de segurança da "holding", juntamente com o Diretor presidente, tentava quebrar alguns paradigmas. A reportagem dizia que o Japão estava comprando o mundo e, que um grupo de empresários americanos,

Uma história com "H"

preocupado com o avanço tecnológico do povo japonês, resolveu fazer uma visita aquele país, para tentar descobrir qual o segredo de tanto sucesso, uma vez que há bem pouco tempo o Japão era um país destruído por duas bombas atômicas. Todos se lembram de Hiroshima e Nagasaki e do Enola Gay, o avião que conduziu a bomba atômica. E assim fizeram. Visitaram inúmeras indústrias, fábricas, empresas e nada. Apesar das andanças, ainda não haviam descoberto absolutamente nada de diferente. No final da visita, um dos empresários americanos, conversando com um simples operário japonês, ouviu o seguinte: "**-Aqui no Japão, nós temos uma ferramenta que vocês ainda não tem nos Estados Unidos**". O americano, observador, olhou para os lados e não viu nada de diferente. Intrigado perguntou: "**- A que ferramenta o senhor está se referindo?**" O japonês tirou uma caneta do bolso, juntamente com um pequeno bloco e disse: "**-Aqui no Japão todos nós trabalhamos pensando o tempo todo; a diferença é que quando surge uma idéia, por menor que seja, imediatamente anotamos e enviamos para um setor especializado em analisá-la. Se realmente for uma boa idéia, ou seja, se reduz** custo, desperdícios, aumenta a qualidade dos produtos e serviços, melhora o faturamento, etc. podemos ganhar muito dinheiro com isso". O americano ficou impressionado com o que ouviu e começou a observar mais detalhadamente. Percebeu então que do faxineiro ao presidente da empresa, todos, sem exceção, trabalhavam usando integralmente suas principais ferramentas de trabalho, papel e caneta. É importante frisar que o analfabeto no Japão é aquele que não consegue colocar no papel as suas idéias e sugestões de forma clara, precisa e concisa. Portanto, não adianta distribuir papel e caneta a todos os brasileiros; é necessário primeiro, alfabetizá-los. É fundamental que nossos governantes invistam pesado na educação. Talvez seja essa a solução a longo prazo; investir para que o povo tenha o conhecimento, a sabedoria.

"A diferença entre o sucesso e o fracasso é a de se fazer as coisas quase exatamente como deveriam ser feitas... e exatamente".

Edward Simmons

Poder de convencimento

É fundamental para um profissional de segurança ter poder de convencimento. Para tal, é necessário o **domínio do conhecimento técnico profissional**. Não é possível convencer pessoas se não dominamos o assunto com o qual estamos tratando. Poder de convencimento é o domínio da matéria, da atividade, das normas e diretrizes que regulam a atividade, é o domínio do conhecimento. Para adquiri-lo, o vigilante deve exagerar no hábito da leitura, principalmente relacionada à sua

Poder de convencimento

atividade afim. Sabemos que neste segmento existe, na verdade, uma carência bastante significativa de profissionais que possuem uma boa fluência verbal e escrita; assim, aqueles que investirem no "conhecimento", certamente terão vantagem competitiva no mercado. Como falamos, o profissional de segurança que tiver consciência dessa deficiência, deve exagerar no hábito da leitura. Como dica, aconselhamos que o vigilante faça cópias diárias de textos, de preferência dentro da sua área de atuação, realçando as palavras desconhecidas e buscando no dicionário o seu significado, fazendo em seguida dez cópias das palavras que foram realçadas . Deve ler novamente o texto, interpretando-o, de preferência na frente de um espelho, em voz alta, clara e em bom tom. Fazendo este exercício apenas uma vez, todos os dias, no final de um ano terá executado 365 interpretações de texto; então terá escrito dezenas, centenas, milhares de palavras e com certeza melhorará significativamente sua fluência verbal, escrita, problemas gramaticais, concordância, ortografia, caligrafia e etc. Sabemos que palavras convencem, mas os exemplos arrastam. Lembro-me que há dez anos, aproximadamente, meu Assessor de recursos humanos chamou-me para observar um candidato que havia sido reprovado no teste físico. Tratava-se de um indivíduo de cor negra, bem alto, com aproximadamente 2 metros de altura, magro e desengonçado. Segundo ele, foi reprovado por estar com o braço machucado e queria nos provar o seu potencial. Como a oferta era bem menor que a procura, simples detalhes eram motivos suficientes para reprovarmos. O Gerente de recursos humanos era um profissional com bastante "feeling", e pediu-me que lhe desse uma oportunidade. Na época, tínhamos um convênio com o Ministério do Exército e treinávamos nossos vigilantes no Primeiro regimento de carros de combate, hoje CPOR/RJ. O curso já era muito forte e bem-conceituado, nossos instrutores eram os mesmos de hoje. Os alunos matriculados recebiam ajuda de custo para a passagem, alimentação, curso gratuito e emprego garantido caso fossem aprovados. O aluno foi destaque absoluto durante todo o curso nos aspectos: liderança, espírito de corpo, iniciativa, bom-senso e discernimento. Deixava muito a desejar nos aspectos: cultura geral e fluência verbal e escrita. Por esse motivo, não foi escolhido para "orador

Poder de convencimento

da turma". No dia da formatura, não se conteve e pediu a palavra. Entre outras coisas, prometeu que não nos decepcionaria e que iria fazer tantas cópias quanto fosse necessário para que um dia pudesse fazer parte da equipe de instrutores. Durante algum tempo trabalhou como vigilante patrimonial, e nas suas folgas estava sempre assistindo às aulas e procurando aprender mais. Em razão dos excelentes serviços prestados, foi promovido para o transporte de valores; passaria a atuar como vigilante de carro forte, pois o salário era bem melhor. Entretanto, nas suas horas de folgas procurava assistir às aulas para aprender cada vez mais. A Forbin cresceu e foi necessário contratar mais um monitor. Ninguém estava mais habilitado e interessado. Hoje, o instrutor Vaz, como é chamado, é considerado um dos melhores instrutores do segmento. Bastante carismático, possui o dom da palavra, inúmeros cursos de especialização, é atirador de elite, faixa preta e ex-campeão brasileiro de boxe peso-pesado e sua didática de ensino em segurança privada demonstra o seu **"poder de convencimento"**. Em segurança, é necessário que estejamos sempre preocupados com o que as pessoas estão pensando a nosso respeito. Parece uma atitude fútil, sem muita importância; entretanto, se o criminoso achar que somos uma presa fácil, ele não hesitará em atacar. Assim, ao contrário do que a maioria das pessoas acha, devemos usar o conhecimento, estrategicamente, para convencê-los que, caso tentem, representamos um problema em potencial para o sucesso da ação criminosa. É sempre importante lembrar que poder de convencimento é o domínio do conhecimento, da atividade, do assunto. Sabemos que palavras convencem, mas os exemplos arrastam. Não é possível convencer se não dominamos o assunto e não entendemos a importância do exemplo; enfim, pontos extremamente importantes para administrar conflitos e problemas.

É importante salientar que o principal instrumento utilizado para que tenhamos sucesso na administração dos conflitos e problemas é a diplomacia. O mercado é carente de profissionais com tais características. Os vigilantes que desenvolvem características de um diplomata, que sabem negociar e convencer usando a diplomacia, certamente terão mais velocidade e conseqüentemente, mais oportunidades nesse mercado. O domí-

Poder de convencimento

nio do conhecimento técnico profissional proporciona e facilita bastante a aquisição do poder de convencimento. Consideramos todos estes detalhes fundamentais para que possamos atuar com eficiência e eficácia neste segmento. Qual seria a diferença entre eficiência e eficácia? Vejamos, eficiente é aquele indivíduo que pavimentou a estrada; e eficaz é aquele que abriu o caminho, abriu a estrada. O eficiente melhora o que já existe, o eficaz cria novos caminhos, propõe novas idéias, sugestões, é um pioneiro. Assim, é muito importante que o vigilante seja eficiente, mas é necessário que também seja eficaz. Hoje, as empresas necessitam de vigilantes eficazes, capazes de colocar no papel idéias e sugestões inteligentes.

É fundamental conhecer o alfabeto para que possamos falar? É claro que não. Pessoas analfabetas falam; crianças de dois ou três anos, também falam e não conhecem o alfabeto; podem até não falar corretamente, mas falam, não é verdade? Entretanto, para ler e escrever, é uma condição básica o conhecimento do alfabeto.

Segurança X sensação de segurança

Muitos vigilantes atuam no segmento de segurança privada sem o conhecimento básico de segurança. Para evoluir profissionalmente, não basta saber falar, é muito importante que saibamos também ler e escrever.

Um profissional de segurança privada, bem-formado, bem orientado e rodeado de pessoas certas, prospera. Aquele que não tiver as mesmas oportunidades terá grandes chances de fracassar. Estará fadado a ficar estagnado no solo, sem enxergar o infinito.

"O sucesso é uma questão de sorte. Pergunte a qualquer fracassado".

Earl Wilson

Força de presença

Algumas pessoas têm, outras não. Ter força de presença é questão de vida ou de morte, êxito ou fracasso para um profissional de segurança. O vigilante que possui poder de convencimento administra bem conflitos e problemas, e conseqüentemente adquire a chamada **força de presença**. Determinadas pessoas são naturalmente respeitadas; elas respeitam, e o respeito é uma conseqüência. Estava ministrando um curso de especialização em segurança bancária, quando fui interrompido por um aluno que, num tom irônico, perguntou:

"Tudo bem! Mas o que devemos fazer quando o cliente é mala?" Perguntou, olhando para todos com um ar debochado. Olhei para o aluno esperando que sua pergunta fosse mais clara: – "Como assim? Tente ser mais claro". O aluno continuou: –"Chefia, trabalho num banco, e os riscos o senhor sabe que são muitos". Falou, esticando suas pernas e apoiando sua cabeça com as mãos entrelaçadas próximas à nuca: –"Acontece que os gerentes, o tesoureiro e os caixas vivem me pedindo para servir cafezinho, passar pano no chão, etc. O senhor não acha isso desrespeito?". Todos olharam para o aluno, criticando com os olhos a sua postura, balançando suas cabeças com ar de reprovação. Olhei alguns segundos para o aluno e, logo em seguida me dirigi à turma: –" Peço desculpas, antecipadamente, a todos pelo que vou falar". O aluno naquele momento bocejou demoradamente, fazendo aquele som característico: – "Continuem pensando assim e vocês não aprenderão nada". Pedi que prestassem bastante atenção e analisas-

Segurança X sensação de segurança

sem sem resistência o que seria falado: "- **Senhores, se todas essas pessoas constantemente solicitam tais serviços, significa que vocês, talvez, sejam os problemas**". Novamente pedi desculpas e atenção para o que seria falado. "**– Se estas pessoas constantemente solicitam que vocês peguem cafezinho e limpem o chão é porque vocês talvez não tenham uma postura adequada. Talvez essas pessoas não saibam que os senhores são na verdade profissionais de segurança privada. Por que motivo estariam confundindo os senhores com os profissionais de serviços gerais?**". Todos estavam em silêncio, analisando o fato, quando um outro aluno interrompeu o silêncio: "**– Instrutor, eu trabalho em banco há muito tempo; sou do interior, sou sujeito homem**. O aluno era enfático nas suas colocações: "**– Gosto de tudo bem certinho. Sou chefe de turma e concordo com tudo que o senhor falou**". Todos dirigiram seus olhares para o aluno. Era alto, forte e aparentava aproximadamente 50 anos. Falava alto, claro e em bom tom. Cometia alguns erros de concordância, mas que não comprometiam sua imagem forte, em razão da sua firmeza de atitude. "**– É como o senhor disse, alguns**

Força de presença

vigilantes não são respeitados porque também não respeitam". Era humilde nas suas colocações mas sabia se fazer respeitar: "-**Comigo não trabalham**", disse num tom bem firme: "-**Querem cortar unha durante o serviço, querem fumar durante o serviço, não cumprimentam os outros, não prestam atenção em nada, e estão mais preocupados com a hora de ir embora do que trabalhar direito. Depois querem reclamar**". Todos o ouviam atentos e com muito respeito. Aquele vigilante, com toda sua simplicidade, havia me ajudado a fazê-los entender o que é força de presença. Para alguns vigilantes, basta apenas o desenvolvimento de habilidades específicas, pois já possuem a força de presença. É questão de vocação, não se adquire, nascemos com ela; no máximo, podemos desenvolvê-la. Na verdade, o simples fato da opção pelo segmento segurança privada, é um ponto importante para fundamentar uma característica vocacional. Muitos vigilantes acham até que não possuem vocação, isto porque ainda não procuraram desenvolver qualidades que possuem, mas estão numa espécie de hibernação. Vários são os fatores que contribuem para o aumento da força de presença; o olhar, a forma de observar, o ouvir, a postura, a apresentação pessoal, a atitude, as linhas de ação, enfim, o respeito. Muitas vezes nos deparamos com vigilantes que possuem uma força de presença tamanha que imediatamente nos faz pensar: "Muito bom esse vigilante". Observem que o conceito "Muito bom" foi basicamente devido à sua postura, pois não sabemos absolutamente nada sobre o seu conhecimento e preparo técnico profissional; entretanto, o respeito e a admiração são fato. Da mesma forma, algumas vezes nos deparamos com vigilantes sem a menor força de presença, tão fracos que imediatamente pensamos: "Coitado". São apelidados pelos próprios companheiros de "mulambos" (detalhe: o correto é molambo). Normalmente, estão desatentos e completamente fora de situação; ou seja, barba por fazer, cabelo grande e oleoso, uniforme largo, desabotoado e desajustado, e quase sempre com um cigarro aceso incomodando as pessoas. Observem também que o conceito "Péssimo" foi devido à sua postura, pois como no primeiro caso, não sabemos absolutamente nada sobre o seu preparo e conhecimento técnico profissional. Existe ainda um terceiro tipo, o vigilante

Força de presença

arrogante, prepotente. É conhecido e apelidado pelos próprios companheiros de "nojento". Sua postura agride as pessoas, seu olhar pode ser arrogante, irônico ou debochado. Posiciona-se como se soubesse e pudesse tudo. Considera-se o máximo, acha que é e tem poder de polícia. As pessoas que se deparam com esse tipo ficam com raiva e irritadas, o que muitas vezes acaba em processos e queixas em delegacias policiais. Este tipo causa prejuízos enormes aqueles que os contratam. Costumamos conscientizar nossos alunos, fazendo uma pergunta irônica, mas muito forte e com excelentes resultados: – "O que o vigilante deve fazer quando o gerente do banco determinar que o mesmo pegue um pano de chão e limpe uma área suja?" A resposta é muito simples. Caso isto aconteça, o vigilante deverá pegar o pano de chão e limpar a área da melhor forma possível; assim, o gerente dirá: – "Pelo menos para limpar chão o senhor serve". É realmente muito forte, mas enfatizamos que, se o gerente do banco faz uma solicitação deste nível, é porque o vigilante não tem o perfil de um profissional de segurança, não possui **força de presença**. Deixamos claro que quando o vigilante executa suas atribuições com profissionalismo, o respeito é uma conseqüência. Quando o vigilante não sabe se posicionar, torna-se um verdadeiro problema. **É simples: se respeitarmos, conseqüentemente seremos respeitados.**

"O líder precisa saber, deve saber que sabe e deve ser capaz de deixar totalmente claro para os que estão à sua volta que sabe".

Clarence B. Randall

Como aprender com o erro dos outros

O ideal é que saibamos aprender com o erro dos outros. Existem três tipos de profissionais de segurança privada. Imaginem a seguinte situação: um atleta durante uma corrida observa uma casca de banana: – "Vou pisar para ver o que acontece". Pensou e não tinha idéia do que aconteceria, o tombo foi inevitável. Alguns dias depois, enquanto corria, avistou outra casca de banana: – "Opa, dessa vez não caio mais". Contornou-a e seguiu adiante. Um outro atleta que havia presenciado o

Como aprender com o erro dos outros

tombo do companheiro corria tranqüilamente quando também avistou uma casca de banana: – "Pisar em casca de banana é a maior furada". Pensou e imediatamente contornou a casca. Um outro atleta, que também havia visto o acidente corria pelo mesmo lugar quando avistou uma outra casca de banana: – "Será que eu vou cair se pisar?" Pensou, pisou e caiu. No dia seguinte, lá estava ele de novo praticando sua corridinha quando avistou outra casca de banana: – "Dessa vez vou pisar e não vou cair". Pensou e novamente estava no chão. No outro dia a mesma coisa e no outro também e no outro, e no outro... O mercado possui uma boa quantidade de vigilantes comuns, isto é, aprendem com o próprio erro; entretanto, existe uma pequena quantidade de vigilantes especiais, isto é, aprendem e procuram aprender com o erro dos outros. Infelizmente, o mercado possui uma quantidade enorme de vigilantes "resistentes às mudanças", isto é, não aprendem nem com o próprio erro. É claro que esse aspecto deve ser transformado em vantagem competitiva. Procure aprender com o erro dos outros e certamente terá mais chances de crescer profissionalmente. Sabemos que

Segurança X sensação de segurança

errar é humano; durante toda a nossa infância ouvimos a mesma frase, fomos educados assim; e é verídico: errar é na verdade uma necessidade para o nosso desenvolvimento. Quando erramos e realmente nos conscientizamos do erro, evoluímos. Entretanto, segurança é sinônimo de prevenção. Em segurança privada, é muito importante que aprendamos com o erro dos outros. No mínimo, com o próprio erro; contudo, é bom lembrar que nem sempre teremos a chance de aprender com o próprio erro, pois muitas vezes o erro é fatal.

"Algumas pessoas jamais aprenderão alguma coisa porque compreenderam tudo cedo demais".

Anônimo

Detalhes importantes em segurança privada

Já dizia Sun Tzu: "O mérito supremo consiste em quebrar a resistência do inimigo sem lutar". Assim, o vigilante através da sua postura, apresentação pessoal, atitude preventiva, linha de ação, força de presença, atenção e respeito às pessoas; sem precisar usar sua arma, é capaz de inibir e abortar uma ação criminosa. Podemos afirmar, com uma pequena margem de erro, que quando um vigilante sofre uma tentativa de assalto, o assaltante "não fez fé", ou seja, subestimou o vigilante; e quando

Detalhes importantes em segurança privada

o assaltante define uma ação criminosa, normalmente está baseado numa aparente facilidade, causada pela postura e atitude do vigilante; sua imagem é deficiente. Assim, reiteramos a necessidade do vigilante transmitir, a todo instante, o que chamamos "**sensação de segurança**", assunto que será abordado detalhadamente mais adiante.

Certa vez, falávamos do *"modus operandi"* de uma ação criminosa quando fui interrompido por um aluno: – "Instrutor, eu vacilei certa vez, e acho que o meu depoimento poderá ajudar muitos vigilantes a não cometerem o mesmo erro. Trabalhava numa agência bancária há seis meses, aproximadamente, e sinceramente não acreditava que um dia pudesse ser assaltado. No fundo, achava que esses problemas só aconteciam com os outros. Até que num determinado dia, um indivíduo de aproximadamente 35 anos, bem-vestido, blazer e calça jeans, muito educado, foi impedido de entrar pelo detector de metais. Aproximei-me e procedi de acordo com as normas. O indivíduo era um perfeito cavalheiro, muito simpático abriu sua pasta e mostrou-me todo o compartimento, tirou o seu relógio, celular, calculadora, moedas, pulseiras e cordões; enfim, um diplomata. Assim que entrou, posicionou-se na fila e em seguida, dirigiu-se a mim novamente, informando que havia deixado no banco do carro o seu talão de cheques, disse apontando para um carro estacionado. Ao retornar, devido à sua extrema educação, não fui tão exigente". Neste momento deu uma pausa; estava nitidamente emocionado, mas continuou. "Negligenciei as normas de segurança; fui assaltado e conseqüentemente perdi o emprego".

Um profissional de segurança jamais subestima o inimigo; assim, está sempre esperando o pior. Se o pior não acontecer, é lucro. Um bom vigilante conhece o pensamento do inimigo. Dificilmente um criminoso quer chamar a atenção. Normalmente, o criminoso não quer problemas. Se durante a avaliação dos riscos, no planejamento da ação criminosa, o criminoso desconfiar que o vigilante representa um problema em potencial, normalmente a ação criminosa é abortada.

Não saber não é o pior, o pior é pensar que sabe. Um profissional de segurança precisa ter consciência do que é capaz, das suas habilidades, do seu potencial, mas principalmente das suas limitações, para que possa, através do treinamento, reduzir essas limitações.

Há 2500 anos Sun Tzu disse: "**Se você se conhece e conhece o inimigo, não precisa temer o resultado de cem batalhas; se você se conhece, mas não conhece o inimigo, para cada vitória haverá uma derrota; mas se você não se conhece, nem conhece o inimigo, correrás perigo em todas as batalhas.**"

Não existe mistério, o grande segredo para que sejamos bons em alguma coisa é o treinamento. Para atingir nossos objetivos, é necessário deixar no treinamento sangue, suor e muitas vezes lágrimas e, ainda assim, teremos que sacrificar muitos prazeres que a vida nos oferece.

"Há sessenta anos eu sabia tudo; agora não sei nada. A educação é a descoberta progressiva de nossa própria ignorância".

Will Durant

Posicionamento superior

O posicionamento superior é a estratégia inicial do profissional de segurança. Não podemos confundi-lo com arrogância ou prepotência. O criminoso deve perceber imediatamente a força de presença do vigilante. O profissional de segurança passa a ouvir o inaudível, passa a observar o que normalmente as pessoas comuns não vêem. Lembro-me de um conto bastante interessante. Um pai, muito rico e poderoso, queria preparar seu único filho para administrar toda a sua riqueza. Após mostrar-lhe tudo o que tinha, disse que era necessário ensinar-lhe a essência da percepção, para que não perdesse toda a fortuna que um dia seria sua. Assim, mandou-o para uma floresta, onde deveria permanecer por um mês, com a missão de descrever os sons da floresta. Após um mês, retornou e seu pai pediu-lhe para descrever todos os sons que conseguira ouvir: "- Pai, pude ouvir o canto dos pássaros, o zumbido dos insetos, o barulho das águas, o vento passando por entre as árvores, os animais..." Após ouvi-lo atentamente, seu pai pediu que retornasse e procurasse ouvir com mais atenção. Disse ainda, que só deveria retornar quando realmente tivesse ouvido e distinguido todos os sons da floresta. Apesar de intrigado, sabia que seu pai queria o melhor: "-Eu não entendo. Já não distingui todos os sons da floresta?" Durante meses permaneceu sozinho ouvindo, ouvindo e ouvindo. Certo dia, começou a perceber sons diferentes de tudo que já ouvira antes. Quanto mais se concentrava, mais claros ficavam. Pensou: "-Agora entendo; estes são os sons que meu pai queria que eu ouvisse". Quando retornou, seu pai perguntou-lhe o que mais conseguira ouvir. Com educação e respeito respondeu: "- Pai, somente agora percebi a diferença entre ouvir e escutar. Ao aprender a ouvir, pude perceber o inaudível som das flores se abrindo, o som do sol aquecendo a terra e da grama bebendo o orvalho da manhã". O pai, sorrindo, acenou com a cabeça em sinal de aprovação e disse: "-Posicionar-se de forma superior é ouvir o inaudível. Quando realmente aprendemos a ouvir, adotamos uma posição superior e percebemos o que há no coração das pessoas, no olhar e na mente. Um bom administrador é respeitado quando consegue ouvir o coração e a mente de seus funcionários".

Em segurança privada, posicionar-se de forma superior é estar sempre, no mínimo, **três segundos à frente** do criminoso, procurando ouvir seus pensamentos. É fazê-lo perceber que você é capaz de tal façanha. Atuar preventivamente, estar sempre esperando o pior, tendo o domínio da situação e do ambiente, são pontos essenciais para que se tenha um posicionamento superior. É sempre importante lembrar que, se o criminoso "achar" que é fácil, mesmo que não seja, ele prosseguirá na ação criminosa, o que sempre trará risco para o vigilante; portanto, segurança é prevenção. Há 2500 anos, Sun Tzu disse: "**Aquele que é prudente e espera por um inimigo imprudente será vitorioso**".

"A hora de relaxar é quando você não tem tempo para isso".

Sidney J. Harris

Diplomacia

Se o posicionamento superior não foi suficiente para inibir uma ação criminosa, o vigilante deverá utilizar-se da estratégia "diplomacia". Atuar com diplomacia em qualquer situação é sempre a melhor estratégia; entretanto, não podemos confundir "**ser diplomata**" com "**ser bobo**". O vigilante deve ser sempre "**curto e extremamente educado**", procurando sempre demonstrar que, se for necessário, todos os recursos serão utilizados para impedir uma ação criminosa. Tratar com respeito e educação também são linhas de ação preventivas, capazes de inibir uma ação criminosa. Um **olhar firme**, acompanhado de um "**bom-dia senhor, posso ajudá-lo?**" Bem entoado e com atitude, com certeza pode abortar uma ação criminosa. Se o meliante **achar** que foi percebido, e principalmente **achar** que poderá ter problemas, certamente desistirá da ação. Lembro-me de um aluno que no decorrer deste assunto, interrompeu-me com a seguinte pergunta: - "Instrutor, o que devo fazer quando o cliente ameaça ficar nu, por ter sido impedido de entrar pela porta?" É realmente uma situação bastante delicada, pois várias são as linhas de ação e providências que o vigilante poderá tomar; entretanto, ser diplomata é sem sombra de dúvidas a melhor solução. Usar seu poder de convencimento, sua percepção para eliminar uma possível ação criminosa, fazer uso do bom-senso e discernimento são decisões inteligentes. A porta possui um detector de metais que trava automaticamente. A lei ampara o profissional de segurança que atua corretamente; todavia, é importante ressaltar que o banco não tem o menor interesse que a empresa de segurança, através do seu vigilante, faça uso

Segurança X sensação de segurança

da força, ou mesmo leve o caso para uma delegacia policial. Comportamento gera comportamento; se o vigilante fizer realmente um bom uso de tudo o que aprendeu, certamente saberá contornar todos os problemas e conflitos que surgirem através da diplomacia.

O vigilante deverá sempre buscar o apoio e compreensão das pessoas que o cercam; assim, se a sua linha de ação for sempre baseada no respeito, certamente em situações de conflito ele terá automaticamente o apoio de todos, o que é extremamente importante para a solução dos maiores problemas.

"Há uma correlação entre o criativo e o sujeito que tem um parafuso a menos na cabeça. Portanto, devemos suportar com boa vontade os malucos".

Kingman Brewster

Usar a "força da lei" como uma ameaça

Se a diplomacia não foi suficiente para inibir a ação criminosa, o vigilante deverá usar a "força da lei como uma ameaça". É importante que o profissional de segurança saiba distinguir bem o que é utilizar a força da lei. Não se trata de sacar seu revólver e decidir a situação num tom de ameaça, mas sim, com linhas de ação, com atitudes inteligentes, fazer com que o criminoso perceba que a lei estará do lado do vigilante; e caso seja necessário, o profissional de segurança reagirá. Assim, deverá com

Usar a "força da lei" como uma ameaça

toda a cautela fazer com que o "criminoso" tenha certeza da sua total atenção e que, se houver a tentativa, a reação será uma conseqüência, sem qualquer sombra de dúvidas. É sempre importante frisar que, se o criminoso perceber que o profissional de segurança está atento aos mínimos detalhes e esperando o pior, certamente procurará um outro que esteja desatento.

É claro que a ação de um profissional de segurança bem-treinado deverá ser imediata, decisiva e implacável; entretanto, é extremamente importante lembrar que estamos falando de uma ação criminosa definida e fundamentada. **Jamais, em hipótese alguma, o vigilante deverá sequer esboçar a intenção de sacar sua arma, se houver qualquer dúvida com relação a ser ou não uma ação criminosa. É sempre importante lembrar que não se deve reagir diante do fator surpresa.** Não existe no mundo um profissional de segurança capaz de reagir, sem riscos, após ter sido surpreendido; caso reaja, é considerado um suicida em potencial.

Situações de descontrole emocional por parte de determinados clientes devem ser tratadas com o máximo de cautela. A principal função de um profissional de segurança é administrar conflitos e problemas, e não provocá-los ou criá-los.

Quando utilizamos a estratégia do "uso da força da lei como uma ameaça", devemos sempre avaliar e analisar a conseqüência da estratégia utilizada; pois como é a última alternativa, precisamos estar preparados para o "confronto" (contra-ataque), caso seja inevitável.

"A vida é como um jogo de cartas. As cartas que lhe são passadas representam o determinismo; a maneira como você joga representa o livre-arbítrio".

Jawaharlal Nehru

Segurança
X
sensação de segurança

O que é mais importante, a "segurança" ou a "sensação de segurança?"

Talvez a grande maioria dos leitores, principalmente os leigos no assunto, responda imediatamente, com toda a certeza do mundo, "segurança"; e estaria cometendo, segundo nossa visão, um grande erro. O que na verdade uma empresa de segurança vende, é sensação de segurança. Segurança, na nossa opinião, é ponto de referência; para algumas pessoas, existe, para outras, não.

Segurança X sensação de segurança

Vejamos: um cadeado numa porta de aço, para algumas pessoas, representa segurança; entretanto, para um chaveiro profissional não representa, tampouco significa um obstáculo, pois este profissional é capaz de, em poucos segundos, abri-lo com facilidade.

Um pit-bull, para algumas pessoas, representa segurança; contudo, um simples pedaço de carne com alguns comprimidos de tranqüilizante, acabariam em poucos minutos com toda a segurança existente.

Respondam à seguinte pergunta: **se um batedor de automóveis à procura de uma determinada encomenda, de repente avistasse dois veículos, exatamente iguais ao que lhe foi encomendado, qual seria a sua opção?** Certamente você já respondeu, "o mais fácil". Entretanto, antes da sua resposta, eu gostaria de ilustrar um pouco mais este exemplo. O assaltante, após minuciosa observação, constata que o primeiro automóvel possui uma corrente, bastante grossa e resistente, trançada no volante. Ao avaliar o segundo automóvel, o assaltante não observa qualquer obstáculo; qual dos dois automóveis seria o escolhido? Certamente a resposta

Segurança X sensação de segurança

continuaria sendo o mais fácil, ou seja, o que está sem a corrente. Vejamos agora algumas informações que ainda não tinham sido dadas. O segundo automóvel, apesar de aparentemente não apresentar dificuldades, possui inúmeros sistemas de alarmes. O assaltante, após analisar os dois automóveis, escolhe logicamente o que lhe parece mais fácil e, conseqüentemente, faz uma péssima escolha, pois o outro automóvel, apesar da aparente dificuldade, na verdade é o que oferece menos risco, pois as duas pontas da corrente foram escondidas embaixo do banco por estarem sem cadeado; bastaria puxá-la e pronto, estaria livre.

Vejamos uma outra situação: num determinado local, existem duas empresas, Alfa e Bravo, que atuam no mesmo segmento, possuem o mesmo número de funcionários, o mesmo valor patrimonial, a mesma fachada, enfim, tudo igual, exceto seus vigilantes. O vigilante da empresa Alfa é extremamente atencioso, educado, alto, muito forte e com uma excelente postura profissional, demonstrando atenção aos mínimos detalhes. O vigilante da empresa Bravo, ao contrário, possui uma

Segurança X sensação de segurança

péssima postura, parece que saiu de dentro de uma caixa de fósforos, uniforme amarrotado, barba por fazer, vive encostado, bocejando como se estivesse dormindo, demonstrando assim total desmazelo e relaxamento. **Se uma quadrilha de assaltantes estivesse planejando uma ação criminosa; se tivessem que optar por uma das duas empresas, qual seria a escolhida?** Certamente a resposta seria "empresa Bravo". Entretanto, existem algumas informações que ainda não foram divulgadas e que certamente, seriam de extrema importância para uma escolha criminosa correta. O vigilante da empresa Bravo, apesar da postura deficiente, é um atirador profissional, faixa preta em diversas artes marciais e possui cursos de especialização em segurança em diversos países; ele apenas finge imprudência, imperícia e negligência, no momento certo ele sempre reage e impede o assalto.

O vigilante da empresa Alfa, apesar da aparência, da atitude, da excelente postura, jamais reagiria a um assalto; na verdade, é muito medroso e não sabe sequer manusear seu armamento, e numa situação real, certamente entraria na "síndrome do pânico".

Segurança X sensação de segurança

Portanto, se a sua escolha foi a empresa Bravo, assim como os assaltantes, você teria errado. A escolha normalmente é baseada na aparência, na postura, na atitude; enfim, na imagem do vigilante. Contudo, existem algumas informações que ainda não foram divulgadas. O vigilante da empresa Bravo, apesar da péssima aparência, apesar da péssima imagem, sempre reage e dispersa os criminosos; entretanto, em virtude da reação, houve troca de tiros. Infelizmente, devido aos projetéis perdidos, morreram cinco funcionários. Era dia de pagamento e a empresa estava repleta de pessoas; foram muitos os mortos e feridos. Contudo, o vigilante foi esplêndido; reagiu, trocou tiros com os criminosos e mais uma vez demonstrou sua coragem e bravura. Apesar da postura e imagem deficientes, o vigilante foi muito corajoso. Mas a história ainda não acabou, ainda existem algumas informações que não foram divulgadas. Infelizmente, a empresa Bravo está num processo de falência; e sabem por quê? Por que devido às inúmeras tentativas de assaltos, mesmo sendo apenas tentativas, houve prejuízos. O valor cobrado pela seguradora para a renovação da apólice de seguro foi muito alto; o que tornou o seguro

Segurança X sensação de segurança

impraticável e, dessa vez, as indenizações foram altíssimas. A empresa não estava segurada. Que azar, hein? É sempre assim. Na hora "H", na hora que precisamos... que falta de sorte.

Após todo o relato, cabe uma pergunta: **se você pudesse escolher uma das empresas, qual seria a sua escolha? Qual dos dois vigilantes trabalharia na sua empresa?**

É óbvio que a união dos dois pontos, **segurança & sensação de segurança**, é a melhor opção. O ideal é que além da corrente, o automóvel também tivesse um sistema de alarme; e que além do sistema de alarme o outro automóvel tivesse algo que inibisse uma ação criminosa. Que além de possuir uma excelente postura, o vigilante também tivesse um bom preparo técnico profissional; que apesar de possuir todos os cursos e ser um atirador profissional, também tivesse uma excelente postura profissional capaz de inibir uma ação criminosa.

Vejamos a melhor resposta: **o criminoso vai no mais fácil ou no mais difícil?** Se você respondeu no mais difícil, errou; se você respondeu no mais fácil, também errou.

Segurança X sensação de segurança

A resposta correta é a seguinte: **o criminoso vai onde ele "acha" que é mais fácil**; percebam que é totalmente diferente. O criminoso, nos exemplos dados, foi no mais difícil achando que era o mais fácil. Vale ressaltar que jamais devemos subestimar o inimigo. O criminoso também possui e sempre utiliza sua percepção para definir uma ação criminosa, e na maioria das vezes acerta o mais fácil.

"É tão importante ouvir alguém com os olhos como com os ouvidos".

Martin Buxbaum

Condicionamento reflexivo

Vocês já viram um bom violonista tocando? Já viram um bom digitador trabalhando? E aquele profissional que trabalha na compensação de cheques? Seus dedos se movimentam com uma velocidade incrível; entretanto, no início as coisas não são tão fáceis. (Voltando aos digitadores, tudo acontece de forma gradativa, bem lentamente, (a,s,d,f,g, ç,l,k,j,h) Através da visão, a mensagem (texto) chega ao cérebro (sistema nervoso central), onde é processada, e através das raízes nervosas

Condicionamento reflexivo

(estímulos elétricos) chegam aos músculos que movimentam os dedos). Tudo isso acontece em frações de segundos. Depois de muito treinamento, como conseqüência, adquirem o condicionamento reflexivo, ou seja, não raciocinam mais para digitar. O mesmo acontece com as pessoas que não sabem dirigir. No início, acham que não vão conseguir; entretanto, depois de alguns treinos, gradativamente, vão adquirindo o condicionamento reflexivo necessário à atividade.

Os profissionais considerados bons possuem sempre um excelente nível de condição reflexa, adquirido ao longo de muitos anos dedicados à profissão. A velocidade e a qualidade serão sempre conseqüência do treinamento; adquire-se com o tempo dedicado aos treinos.

Existem três pontos que são fundamentais para a aquisição do condicionamento reflexivo: **vocação, dedicação e constância de treinamento.**

"Um diamante é um pedaço de carvão que teve sucesso sob pressão".

Anônimo

Vocação

É herança genética. Todos nascemos com vocação para muitas coisas e, também, sem vocação para muitas coisas. Ninguém nasce com vocação para tudo; tampouco, não nascemos sem vocação para nada. Recordando as aulas de genética, teremos um melhor entendimento da palavra vocação. Sabemos que existem os genes dominantes, "AA", e os recessivos, "aa". Se, hipoteticamente, pegássemos o espermatozóide do campeão mundial de natação, genética dominante, meda-

Vocação

lha de ouro nas olimpíadas, recordista mundial, e o óvulo da campeã mundial de natação, genética dominante, também medalha de ouro nas olimpíadas e recordista mundial, e reproduzíssemos em laboratório um bebê de proveta, certamente esta criança seria, geneticamente, perfeita; ou seja, teria todas as qualidades físicas, biotipo e estrutura física para ser um futuro campeão. Entretanto, se levássemos esta criança para um local distante, onde fosse criada longe de praias, piscinas, rios e lagos e, quando crescesse, jogássemos dentro de uma piscina; o que aconteceria? Com certeza morreria afogada, mesmo sendo filho dos campeões mundiais de natação; pois, apesar de possuir vocação, não desenvolveu suas habilidades. Contudo, se matriculássemos esta pessoa numa escola de natação, junto com outras pessoas que também não soubessem nadar; o que observaríamos? Mais uma vez teríamos uma resposta bastante simples, **seria um destaque.**

Existem pessoas que dirigem há 30 anos e não possuem habilidade, não conseguem sequer colocar o carro numa vaga; entretanto, existem adolescentes que dirigem

Segurança X sensação de segurança

muito bem, inclusive caminhões. Existem pessoas que ganham de presente uma flauta importada, cheia de tecnologia e jamais se interessam em aprender; outras, muito humildes, moram numa cidadezinha do interior, fazem uma flauta de bambu e tocam maravilhosamente bem; assim, podemos enumerar vários exemplos de vocação.

"Pessoas brilhantes falam sobre idéias. Pessoas medíocres falam sobre coisas. Pessoas pequenas falam sobre outras pessoas".

Dick Corrigan

Dedicação

Está relacionada com a técnica. Não adianta termos vocação se não possuímos o conhecimento técnico. Imaginem o filho do campeão e da campeã mundial de judô, ambos com genética dominante para o esporte. Certamente teria vocação, ou seja, teria todas as qualidades físicas para tornar-se um campeão. Entretanto, se o mesmo crescesse sem aprender as técnicas de judô; na hipótese de colocá-lo para lutar com alguém que tivesse o conhecimento técnico das artes marciais, certamente

Dedicação

seria finalizado com bastante facilidade, mesmo sendo filho dos campeões mundiais, mesmo tendo vocação, pois não dominava a técnica. Lembro-me de uma história que cabe perfeitamente, pois está relacionada com o conhecimento técnico e experiência de vida. Numa pequena cidade do interior, havia um velho e experiente lenhador. Havia também um jovem lenhador que ficara impressionado com a eficiência e eficácia do velho lenhador. O velho lenhador era um homem de bom coração, sempre disposto a ajudar, falava pouco e ouvia bastante. Era considerado o melhor dos melhores. Caracterizava-se pela humildade e pela forma como se posicionava diante das dificuldades. O jovem lenhador sonhava um dia tornar-se tão bom ou melhor que o velho lenhador. Um dia decidiu procurá-lo no intuito de aprender com o mestre dos mestres. Quem sabe tornar-se-ia o melhor da região. Quem sabe conseguiria desbancar o melhor dos melhores na arte de cortar madeira. Passados alguns dias, o jovem já se sentia o tal. Achava que já sabia, achava que já havia aprendido tudo: "-Aquele velho não era tão bom quanto eu pensava", disse ele em voz alta. Assim, o jovem lenhador viu a

Segurança X sensação de segurança

possibilidade de desafiar o velho lenhador. Seria a oportunidade para desbancá-lo. O jovem dirigiu-se ao jornal e a rádio da pequena cidade, onde fez o desafio. O velho lenhador viu a oportunidade de ensinar ao jovem arrogante a importância do conhecimento técnico, aliado ao treinamento; assim, aceitou o desafio. O objetivo seria, em um dia de trabalho quem cortaria e empilharia mais árvores. A cidade estava dividida. Dia e horário definido, apostas, área delimitada, banda de música, torcida, testemunhas e juizes; enfim, motivo de festa na pequena cidade. Chegou o grande momento de decidir quem seria realmente o melhor. A competição teria início às seis horas da manhã e terminaria às dezoito horas em ponto. De um lado, o jovem lenhador, forte e incansável, com seu corpo atlético, mantinha-se firme cortando as árvores. Do outro, o velho lenhador, experiente, silencioso, tranqüilo mas firme, sem demonstrar cansaço. Por volta das dez horas, o jovem lenhador, cansado, procurou saber como andava o velho lenhador e, quando o viu, ficou surpreso ao vê-lo sentado. O jovem riu e aquela cena renovou suas energias; assim sendo, prosseguiu com toda a força que possuía. Por

Dedicação

volta das treze horas, mais uma vez, o jovem lenhador olhou para trás e qual não foi a sua surpresa, ao vê-lo novamente sentado. O jovem riu e pensou: "Além de velho e cansado está ficando esclerosado, será que não sabe que estamos competindo?". Com o moral elevado, suas energias foram recuperadas e novamente prosseguiu com o trabalho. Por volta das dezesseis horas, exausto, novamente olhou para trás e mais uma vez viu o velho lenhador sentado. O jovem desta vez achou que a vitória era certa e indiscutível. Trabalhou incansavelmente até o final da competição.

Ao final do tempo estabelecido, a comissão julgadora juntamente com os dois competidores foi conferir o resultado da prova e, para surpresa de todos, o velho lenhador havia cortado o dobro da quantidade de árvores do jovem desafiante. Espantado, enfurecido e irritado, dirigiu-se ao velho lenhador e perguntou-lhe o segredo para cortar tantas árvores, se por três vezes que havia parado apenas para observá-lo, o viu sentado, calmo, tranqüilo, como se nada estivesse acontecendo. O velho lenhador sabiamente respondeu-lhe: "Todas as vezes que você me viu sentado, eu não estava simplesmente descansando. Eu estava amolando o meu machado".

Estamos na era do conhecimento; investir em cursos de especialização, cursos de aperfeiçoamento, buscar o autodesenvolvimento, é ter visão de futuro. É fundamental que estejamos sempre preocupados em, constantemente, amolar o nosso machado; assim, com menos golpes, seremos mais eficientes e eficazes.

"Somente se aproxima da perfeição quem a procura com constância, sabedoria e, sobretudo, com muita humildade."

Provérbio Chinês

Constância de treinamento

Como o próprio nome diz, é treinamento constante, ou melhor, todos os dias. Não adianta termos vocação e conhecimento técnico se não treinarmos todos os dias. Para sermos bons em alguma coisa, é necessário que deixemos no treinamento nosso sangue, suor e muitas vezes lágrimas. É necessário que abdiquemos, muitas vezes, de horas de sono e lazer. Se possuímos vocação e apresentamos um bom conhecimento técnico, só nos resta treinar. Não devemos esperar que as coisas caiam

Constância de treinamento

do céu; é importante que sejamos pró-ativos, é fundamental fazermos com que as coisas aconteçam; assim, devemos treinar, treinar e treinar para que, ao longo de meses, ao longo de anos de treinamento, possamos adquirir o condicionamento reflexivo necessário para que sejamos considerados bons profissionais. Observem que a velocidade é uma conseqüência do treinamento. Por exemplo, nas instruções de tiro, observamos muitos alunos que, devido à vocação, ao potencial intelectual e às condições físicas, assimilam rápido e com facilidade todos os detalhes técnicos, e conseqüentemente, realizam um bom tiro. Entretanto, vale ressaltar que tal fato não determina que o aluno saiba realmente atirar. O tiro é uma atividade reflexiva, assim, não podemos atirar raciocinando integralmente durante todo o tiro. Podemos comparar à pessoa que dirige um automóvel. É claro que existe um pensamento inicial e uma linha de raciocínio normal; entretanto, grande parte dos movimentos são reflexivos. Nós dirigimos pensando, muitas vezes, em outras coisas, conversamos com pessoas sentadas ao nosso lado, e nem por isso deixamos de executar os movimentos necessários à direção. Imaginem um

Segurança X sensação de segurança

indivíduo que acabou de ser contratado para trabalhar numa loja de presentes. Sua função principal será a de embrulhar presentes. Após receber as orientações técnicas de como deverá embrulhá-los, dá início à nova atividade. O primeiro embrulho possui uma qualidade "X", e um tempo "Y" para ser concluído; entretanto, o milésimo embrulho, certamente terá uma qualidade muito maior e um tempo muito menor que o primeiro. Observem que a qualidade sempre tende a aumentar, e o tempo sempre tende a diminuir. Com o tiro é a mesma coisa, se aprendermos a técnica correta e desenvolvermos a constância de treinamento, como conseqüência iremos adquirir o condicionamento reflexivo; ou seja, reduziremos o nosso tempo com relação ao saque e acionamento do gatilho, e com certeza, melhoraremos a qualidade do nosso tiro. Percebam a importância do treinamento através do seguinte exemplo: se todos os dias, ao chegar em casa, pegássemos nossa arma e após as medidas preliminares para o manuseio do armamento, isto é, com total segurança (arma desmuniciada) treinássemos empunhadura, saque, tomada de linha de mira e linha de visada, controle do gatilho; enfim,

Constância de treinamento

gastássemos quinze minutos que fossem, diariamente; faríamos aproximadamente durante esse tempo, uns cem saques dentro da técnica aprendida. Se fizermos apenas isto durante um ano (365 x 100), realizaremos, 36.500 (trinta e seis mil e quinhentos) saques. Percebam que, qualquer pessoa que faça o mesmo movimento tantas vezes, acaba adquirindo através da constância de treinamento o condicionamento reflexivo. Muitos profissionais de segurança reclamam por falta de tempo; e é verdade, é realmente muito difícil; entretanto, é importante frisar que "Não temos escolha", "Se parar o bicho come, se correr, o bicho pega. O outro". O outro mais lento, aquele que ficou para trás. É importante treinar para que sejamos velozes. Nenhum cliente, nos dias de hoje, aceita que uma empresa de segurança privada coloque dentro de sua empresa um vigilante desqualificado, não especializado. É bastante normal vermos nas salas de aula clientes que acompanham cursos inteiros de formação de vigilantes, para se manter atualizados e, muitas vezes, para avaliar seus colaboradores e fornecedores de mão-de-obra. Hoje, observamos uma preocupação bem maior por parte dos diretores de

Segurança X sensação de segurança

grandes empresas em relação às empresas clandestinas, empresas que funcionam ilegalmente, ou seja, não estão autorizadas pelos órgãos competentes. Portanto, devemos treinar, treinar e treinar. Só assim seremos considerados realmente bons profissionais.

"Daqui a cinco anos você estará bem próximo de ser a mesma pessoa que é hoje, exceto por duas coisas: os livros que ler e as pessoas de quem se aproximar".

Charles Jones

Percepção

"O criminoso traz escrito na testa que é criminoso?" Normalmente o leigo responde, quase que imediatamente, com um sonoro "**não**". Entretanto, a resposta correta, no nosso entendimento, seria um convicto "**sim**". Muitos alunos, logo após a resposta, rebatem fazendo a seguinte colocação: "Instrutor, muitos assaltos ocorrem com pessoas bem trajadas e com excelente apresentação pessoal. Muitas vezes até mulheres". Essa afirmativa nos auxilia bastante, pois com ela, mostramos aos alunos que, na verdade, **quem acha que o criminoso tem cara feia, aspecto feio, se veste mal, etc. são eles próprios, pois em nenhum momento falamos que o criminoso é feio**, em nenhum momento falamos de tais características. Para compreender melhor o porquê da afirmativa, é importante entender que todos os profissionais se utilizam dos conhecimentos técnicos adquiridos ao longo da sua formação, e passam a entender "**códigos**" que somente profissionais, através da percepção, através da sensibilidade, conseguem decifrar. O nível de cada profissional varia em razão da sua capacidade de perceber, identificar, solucionar, executar, concluir, realizar e esclarecer os assuntos inerentes à sua profissão, no menor tempo e com a melhor qualidade. Observe que um açougueiro é capaz de identificar um pedaço de carne com um simples olhar (alcatra, patinho, contrafilé, picanha, etc.). È claro que para isso ele se utiliza dos códigos que os profissionais deste segmento dominam (cor, textura, fibra, inervação, direção das fibras, formato, etc.) e que foram desenvolvidos ao longo de muitos anos de dedicação à profissão. O conjunto de todos estes códigos forma, por exemplo, a palavra "alcatra", que ele, açougueiro, como profissional, através da sua percepção, consegue identificar. O mesmo acontece com um pescador, que consegue identificar um peixe através de códigos (cor, formato, tamanho, escama, olhos, boca, cabeça, etc.), e que devido ao tempo de dedicação à atividade, tornaram-se extremamente simples. Percebam que é simples para quem domina os códigos.

Um médico, através dos conhecimentos técnicos adquiridos durante a sua formação, consegue através da identificação de códigos (exames laboratoriais, exames radiográficos, sinais e sintomas) diagnosticar uma determinada patologia. Quando o médico olha para um determinado paciente, é como se estivesse escrito na testa do paciente o nome de uma determinada patologia.

Certa vez, estava numa revenda de automóveis, onde havia um carro seminovo, impecável, que reluzia com a luz do sol. Todos admiravam aquele veículo, até que surgiu um casal acompanhado de um lanterneiro/pintor que após uma rápida observação, condenou-o por ter

Percepção

batido de frente, por estar desalinhado e pintura fora do tom original. É simples, tratava-se de um profissional que conhecia aqueles códigos. Eu realmente não conseguia ver, tampouco ler o que ele lia; entretanto, ele era um profissional. Para ele, estava escrito de forma clara e bem definida.

Vejamos, num bate bola antes de uma partida de futebol "pelada", aproveitamos para identificar aqueles que demonstram possuir um melhor controle e domínio com a bola. Muitas vezes identificamos alguns que não têm a menor intimidade com o esporte, normalmente chamados de "perna de pau". O que nos faz chamá-los assim? Por que motivo chegamos à esta conclusão? Sem dúvidas utilizamos nosso feeling, o nosso sentimento por um esporte que está no nosso sangue. Observamos vários códigos que vão desde o olhar, a forma de correr, a posição dos braços, o domínio da bola, etc., que nos possibilitam tal conclusão. É fácil perceber que determinadas pessoas não têm muita "intimidade" com a bola. Também é claro que se estivéssemos observando uma partida de beisebol, a situação seria completamente diferente, pois não terí-

Segurança X sensação de segurança

amos as mesmas condições de avaliação de um americano que vive este esporte. Observem que a prática, a vivência, a experiência, o conhecimento, a intimidade, nos facilita bastante para que cheguemos a uma determinada conclusão.

Um profissional de segurança privada, quando observa algo ou alguém, avalia baseado em detalhes técnicos, e não em meras suposições sem qualquer fundamento. O leigo preocupa-se muito com a vestimenta, subestimando informações preciosas do tipo: a fácies, as expressões faciais, os lábios, os olhos, a forma de olhar, o ouvir, a pele, rubor, palidez, sudorese, tremores, aumento da freqüência cardíaca (taquicardia), disfunção respiratória (dispnéia), movimentos bruscos com a cabeça e membros superiores, etc. O conjunto de todas essas informações gera um comportamento não natural, suficiente para fundamentar uma possível ação criminosa. É muito importante aprender a observar as pessoas, é uma questão de treinamento. Devemos aprender a observar em todos os lugares, na rua, no metrô, no ônibus, na praia, no banco, no shopping; enfim, em todos os lugares, sempre.

Percepção

Recentemente, durante uma aula perguntei se algum dos alunos já havia interrompido sua viagem de ônibus, ou seja, descido antes do objetivo, por achar que o ônibus seria assaltado. A resposta me surpreendeu, pois vários alunos levantaram seus braços quase que imediatamente: – "Instrutor, descer antes do ponto para não ser assaltado passou a ser comum".– "E o que o faz descer? Perguntei"Mas antes que o aluno pudesse responder, o outro disse: – "É uma questão de sobrevivência. Imagine o senhor, um assaltante nos pegar com uma carteira de vigilante. Um bom vigilante não pode ficar desatento".

E mais uma vez, insisti para que descrevessem o que realmente os fazia tomar a decisão de descer. Uma aluna antecipou-se e falou o seguinte: – "Instrutor, assim que entramos no ônibus, procuramos olhar para todos os passageiros, a fim de verificar algum suspeito". Neste momento interrompi mais uma vez, insistindo, como e em que a aluna se baseava para o levantamento de suspeitos: – "É simples, o *modus operandi* desses criminosos é sempre bastante parecido. Procuram se

Segurança X sensação de segurança

espalhar dentro do ônibus, mas suas atitudes os denunciam facilmente. Estão sempre nervosos e se entreolham constantemente". É importante nos posicionar de forma que observemos todos os passageiros que entram no ônibus. Normalmente, os meliantes entram juntos, se espalham no interior do ônibus mas tentam não perder o contato visual. Nesse momento, se denunciam para aqueles que se encontram atentos. Este é o momento de fingir que chegamos no nosso destino. É necessário descer o quanto antes, e, quase sempre ouvimos mais tarde que o ônibus foi assaltado. A aluna completou: "**- Sempre que tal fato ocorre, penso: felizmente estava atenta**". Infelizmente, muitos passageiros não se dão conta do assalto por estar sempre desligados, desatentos. O que a aluna relatou é a mais pura verdade. Com muita simplicidade, ela nos mostrou como conseguia identificar os códigos que a permitiam ler com clareza uma possível situação de perigo, um provável assalto ao ônibus.

"A dificuldade cria a capacidade de resolvê-la".

Oliver Wendell Holmes, Jr.

A importância da percepção para vigilantes com especialização hospitalar

Agir com iniciativa, bom-senso e discernimento, usando sempre empatia nas situações mais delicadas significa entender o real significado da palavra qualidade. É fundamental para quem trabalha no atendimento de pessoas com problemas emocionais graves saber colocar-se no lugar dessas pessoas. Só assim seremos capazes de administrar todos os conflitos e problemas que porventura surgirem. Certa vez, falávamos sobre o assunto em questão, quando um aluno relatou o seguinte fato: Era

A importância da percepção para vigilantes...

uma segunda-feira ensolarada, e por volta das treze horas deu entrada no hospital onde trabalhava um garotinho de aproximadamente seis anos, que havia caído de uma árvore. O acidente não era grave, apenas algumas escoriações e o susto. Tudo transcorria normalmente até que, aproximadamente quinze minutos após o garoto ter dado entrada, chegou um indivíduo de estatura mediana, bastante nervoso e agitado. Nitidamente desorientado, foi adentrando pela portaria principal, sendo imediatamente impedido pelo vigilante, que colocando a mão na altura do seu tórax, falou num tom alto e grosseiro. "**Ôôôôôô meu compadre, você pensa que vai aonde?**" Foi o suficiente para um chute bem forte no joelho do vigilante, acompanhado de um potente soco no seu abdômen. O vigilante, que era bem alto, caiu no chão com a respiração bastante prejudicada, sem saber ao certo o que havia acontecido. Tratava-se do pai daquele garoto. O mesmo fora informado, no seu local de trabalho, que seu único filho estava no hospital, com traumatismo crânio-encefálico, entre a vida e a morte, após ter caído de uma árvore. Se nos colocarmos no lugar daquele pai, isto é, usarmos a empatia, perceberemos

Segurança X sensação de segurança

rapidamente o que se passava "naquela cabeça", certamente transtornada de maus pensamentos. É, portanto, fundamental que tenhamos muita sensibilidade. O próprio aluno, também vigilante, revelou que foi indescritível e emocionante o encontro do pai com o filho. Disse também que o pai do garoto nem se lembrava do que havia feito e, que o vigilante, após ter imobilizado o joelho, ficou com tanta vergonha que pediu demissão.

Os conflitos e problemas existentes neste segmento da segurança privada são os mais variados possíveis. São sempre delicados e, devem ser administrados com bastante cautela. É inconcebível e muito perigoso para uma empresa de segurança permitir que profissionais não especializados trabalhem ou atendam pessoas comprometidas emocionalmente.

"Quem reconhece a sua ignorância, começa a ser sábio".

Confúcio

A importância do entusiasmo para os profissionais de segurança

A palavra entusiasmo significa exaltação, arrebatamento, paixão viva, grande alegria; vem do grego e significa ter um Deus dentro de si. Politeísmo significa acreditar em vários Deuses. Os gregos eram politeístas. Eles acreditavam que quando um Deus possuía uma determinada pessoa, esta ficava entusiasmada e, por causa disso, poderia inclusive transformar a natureza e fazer as coisas acontecerem. Um agricultor seria capaz de fazer acontecer a melhor colheita se fosse entusiasmado por

A importância do entusiasmo...

Geres (Deusa da agricultura). Os gregos acreditavam que as pessoas entusiasmadas eram capazes de vencer os maiores desafios; portanto, era preciso entusiasmar-se. É extremamente importante o entusiasmo, para que tenhamos vantagem competitiva neste mercado. Um profissional de segurança entusiasmado é capaz de inibir uma ação criminosa, em razão das atitudes e linhas de ação que adota. O criminoso é sempre bastante observador e percebe com facilidade que o entusiasmo daquele profissional pode representar um problema em potencial, caso insista. Assim, quando percebe, aborta a ação criminosa e parte à procura de outros estabelecimentos com profissionais de segurança desmotivados.

Devido ao seu comportamento, o profissional de segurança entusiasmado faz as coisas acontecerem. Os não entusiasmados ficam esperando as prováveis mudanças, esperam a política mudar, a vida melhorar, o sucesso chegar, para depois se entusiasmarem. A conseqüência do entusiasmo é o sucesso, e não o contrário. Muitos sonham com o sucesso, poucos o transformam em realidade. A verdade é que não podemos ficar de braços

Segurança X sensação de segurança

cruzados observando a vida passar, aguardando o surgimento de oportunidades. Acreditem, precisamos agir entusiasticamente; não podemos esperar as condições ideais para nos entusiasmarmos. Não faltarão razões para não nos entusiasmarmos. Não podemos confundir entusiasmo com otimismo. Otimismo significa acreditar que uma determinada coisa vai dar certo, talvez até o ato de torcer para que dê certo. Entusiasmo tem a ver com pró-atividade, ou seja, fazer acontecer. As empresas de segurança privada necessitam de profissionais próativos. O mercado de segurança privada é muito carente de profissionais de segurança entusiasmados. Não é o sucesso que nos dá o entusiasmo; o entusiasmo é que facilita a quebra de paradigmas, nos dá a visão de futuro e nos conduz ao sucesso.

"Entusiasmo é aquele ingrediente de vitalidade, misturado com uma firme convicção no que você está fazendo, garantindo o êxito de qualquer projeto que você empreenda".

Dale Carnegie

"Os anos deixam rugas na pele, mas a perda de entusiasmo deixa rugas na alma".

Michel Lynberg

A importância da imagem para um profissional de segurança privada

Os profissionais de segurança privada estão sendo avaliados a todo o instante por centenas, milhares de pessoas. Entre elas: clientes diversos, diretores de empresas, empresários, autoridades policiais e, principalmente, criminosos diversos. Através do equilíbrio emocional e da qualidade comportamental, os profissionais de segurança privada vendem uma determinada imagem. As pessoas formam imagens a respeito dos profissionais de segurança e, quando estas imagens são fundamenta-

A importância da imagem...

das na mente dessas pessoas, mudar o conceito fica extremamente difícil.

A imagem que as pessoas fazem a respeito dos profissionais de segurança, raramente é baseada em raciocínio lógico, sindicâncias de vida pregressa, avaliações criteriosas de comportamento; mas sim no resultado de observações simples e óbvias. Surge em razão de experiências de vida, marketing e problemas sociais transmitidos pelos meios de comunicação (televisão, rádio, jornais e revistas). As conclusões são baseadas em conceitos aparentemente óbvios, do tipo: um produto com uma marca importante, teoricamente, é melhor. Ao observarmos um embrulho com um papel especial, bonito, atraente e com riqueza de detalhes, acreditamos que dentro do embrulho tenha algo também de alto nível. Assim, as pessoas quando olham para um profissional de segurança, o avaliam seguindo a mesma linha de ação. É inerente ao ser humano avaliar seguindo critérios simples, ele acredita que está certo, acredita nas suas experiências de vida, e de mais a mais, não têm mais paciência, tampouco tempo a perder com o que acredita tratar-se de simples detalhes.

Segurança X sensação de segurança

Recordo-me de uma passagem bastante interessante, quando certa vez um cliente solicitou-me ajuda para a implantação de um serviço de segurança. Tratava-se de um cliente muito importante e bastante exigente. A necessidade era de apenas cinco vigilantes, mas por tratar-se de uma multinacional, o salário era diferenciado e havia outros atrativos. O anúncio foi num domingo, sendo utilizado um jornal de grande circulação. Os candidatos deveriam apresentar-se munidos de todos os documentos na segunda-feira às 08 horas. Sabemos que a oferta neste segmento é sempre menor que a procura; assim, no domingo à noite já haviam candidatos acampados, ansiosos pela vaga. Na segunda-feira, ao chegar na escola, reuni-me com os psicólogos, médicos e outros profissionais de recursos humanos para dar início ao processo seletivo. A fila dava volta no quarteirão e, nossa necessidade era de apenas cinco vigilantes; estrategicamente selecionamos os dez melhores e, como eram muito bons, na verdade nossa maior dificuldade foi eliminar 100% da nossa necessidade. O fato que mais nos chamou a atenção foi o seguinte: a maioria dos candidatos se reprovou, pois num processo seletivo no segmento segurança privada, é inadmissível procurar em-

A importância da imagem...

prego com barba por fazer, cabelos pintados de azul, amarelo e com penteados extravagantes, candidatos excessivamente adornados, com vestuário como se fossem para praia, muitos com camisas estampadas onde podíamos ler com clareza frases do tipo "tem um corno me olhando" "como todas, não importa a raça", etc. Vale ressaltar que muitos desses candidatos pernoitaram na porta da escola e certamente por falta de bom-senso e discernimento continuam perdendo as oportunidades que o mercado oferece; assim, quando as pessoas olham para um profissional de segurança o avaliam seguindo as mesmas linhas de ação. Vejamos, quem é mais competente: o vigilante que não consegue colocar no papel idéias e sugestões ou aquele que consegue? Quem sugere menos riscos: o vigilante que apresenta o atestado de antecedentes criminais ou o que não apresenta? Quem é mais educado: o vigilante que olha dentro dos olhos e diz: "Bom-dia senhor, posso ajudá-lo?" ou aquele que olha de cara amarrada para as pessoas? Com certeza sua resposta é a mesma dada por dezenas de empresários, diretores, gerentes e clientes ligados ao segmento segurança privada a quem fizemos as mesmas perguntas.

Segurança X sensação de segurança

É importante frisar que é inerente ao ser humano o preconceito, formar imagens e concluir de forma instintiva. As pessoas podem ver outras pessoas de forma estereotipada; assim, se um vigilante se veste de forma adequada ou inadequada para uma determinada ocasião, se tem ou não boa fluência verbal, se fala rápido ou lento demais, se for forte ou fraco, alto ou baixo, se souber ou não ouvir, se for diplomata ou rude; enfim, poderíamos enumerar uma lista com centenas de características, o indivíduo será certamente tratado e respeitado de acordo com a sua imagem. Uma única situação em termos de estereótipo pode nos levar a inúmeras suposições. Por exemplo, um vigilante que pratica jiu-jitsu e possui um pitt-bull, é agressivo, arrogante e prepotente; se é agressivo, é violento e certamente não se importa com as pessoas. Provavelmente é desonesto; enfim, tudo baseado numa sucessão de estereótipos. **No livro "Começando com o pé direito" de Jo-Ellon Dimitrius e Mark Mazzarella, Editora Campus, os autores dizem que raramente temos tempo ou inclinação para tomar decisões plenamente informadas a**

A importância da imagem...

respeito das outras pessoas; assim, recorremos a fontes que não requerem uma análise caso a caso, e muitas vezes não exigem nenhum pensamento racional.

"O mundo não está interessado nas tormentas que você enfrentou, mas se você trouxe o navio".

Anônimo

A importância de se conhecer o pensamento do inimigo

É lógico que quando um criminoso comete uma ação criminosa, os riscos foram avaliados. Certamente foram feitas análises diversas; e a conclusão, é que o assalto foi planejado. Quanto menor o risco dos vigilantes reagirem, maior a probabilidade de que o assalto seja realizado. Os criminosos avaliam constantemente os riscos de serem presos; quanto menor, maior a probabilidade da ação criminosa. Um profissional de segurança privada, aqui no Brasil, "ainda" não é preparado para ações

A importância de se conhecer o pensamento do inimigo

terroristas. É utopia achar que será preparado para enfrentar os discípulos de Osama Bin Laden. Costumamos alertar nossos alunos que existem assuntos que são de competência exclusiva das Forças Armadas, e outros de competência exclusiva da segurança pública. Em determinados casos, cabe à segurança privada a missão de acionar os órgãos competentes. Um profissional de segurança privada, não tem **"poder de polícia"**, sua principal missão é **"administrar conflitos e problemas"**, não criá-los.

Um criminoso comum não quer problemas. Seu objetivo é ter êxito na ação criminosa sem maiores alardes, com o menor risco e, principalmente, sem a presença da polícia. É claro que o risco é fato, é inerente à profissão. A atividade de segurança privada é uma atividade de alto risco. Entretanto, é importante que o vigilante saiba que 95% dos assaltos são praticados com planejamento. Os criminosos avaliam os riscos, analisam cada detalhe que possa comprometer a ação criminosa. Se o risco for justificado, o resultado é a ação criminosa. Vale ressaltar que existe uma margem de risco de 1%, para assaltos sem planejamento; ou seja, no "vai ou racha"; assim, reforçamos a filosofia de que "**o vigilante deve esperar sempre o pior; se o pior não acontecer, é lucro**".

Sun Tzu disse: "Se o teu objetivo é fazer com que o inimigo venha de boa vontade, tens que lhes oferecer vantagens. Se não desejas que ele venha, terás que lhes mostrar as dificuldades". "Se um gato está à saída da toca do rato, nem dez mil ratos se atreverão a sair. Quando um tigre está de tocaia num vale, nem dez mil veados ali atravessam". A filosofia de Sun Tzu deve ser analisada e avaliada de acordo com os nossos objetivos.

É sempre importante lembrar que se o criminoso achar que é fácil, ele tentará. Se houver a tentativa, haverá riscos. A segurança certamente será comprometida e a filosofia de Sun Tzu: "O mérito supremo consiste em quebrar a resistência do inimigo sem lutar", estará sendo colocada em segundo plano. Não é interessante para ninguém, o cliente não quer, a empresa de segurança também não, certamente você também não quer arriscar sua vida, tampouco o criminoso.

A importância de se conhecer o pensamento do inimigo

Um criminoso dificilmente faz alarde, tumultua ou procura chamar atenção. As linhas de ação do criminoso são inteligentes; assim, jamais devemos subestimá-lo. Certa vez, ouvi de um aluno o relato de um assalto ocorrido numa agência bancária. Normalmente, as pessoas não gostam de admitir que falharam. Quando o oposto acontece, procuro ouvir atentamente. Estava finalizando uma aula, quando um aluno interrompeu-me: "-Instrutor, gostaria de relatar um assalto que sofri por pura ingenuidade". Nosso horário já estava comprometido; entretanto, percebi que seria importante e oportuno aquele relato. Assim sendo, pedi que o aluno continuasse: "-Sempre achei que determinadas histórias só aconteciam em filmes ou com os outros; não comigo". Falou levantando-se e olhando para a turma:"-Trabalhei muitos anos como vigilante; sempre em estabelecimentos bancários. Meus maiores problemas eram as reclamações em virtude da porta detectora de metais". A forma como falava despertava o interesse de todos os alunos: "-Certo dia fui surpreendido pela postura e extrema educação de um suposto cliente, que ao ficar preso na porta, retornou várias vezes ao local próprio

Segurança X sensação de segurança

para depósito de objetos metálicos, sem se alterar em momento algum. Primeiro deixou o celular, depois o relógio e a pulseira. Como a porta continuava travando, lembrou-se das moedas, do molho de chaves e até da fivela do cinto que usava. Após inúmeras tentativas, finalmente teve êxito". O silêncio era geral: "- Devido à sua postura, fiquei constrangido e pedi desculpas pelo transtorno causado; sendo que o mesmo, sem se alterar, disse que eu estava certo por ter cumprido bem minha obrigação, uma vez que não o conhecia". A turma havia se esquecido do horário de almoço e escutava o relato atentamente.

"-Por várias vezes, observei a mesma conduta exemplar e, com o tempo, passei a ser menos rigoroso. Gradativamente, aquele indivíduo foi ganhando minha confiança e, percebendo que seu objetivo havia sido atingido, armou-se até os dentes e, sem qualquer dificuldade, assaltou a agência com a ajuda dos seus comparsas, que o aguardavam no interior da agência". Perguntei se aquele elemento era cliente do banco e obtive um **não** como resposta. Perguntei também se em algum momen-

A importância de se conhecer o pensamento do inimigo

to houve a curiosidade, por parte dele, de confirmar se aquele indivíduo era ou não cliente do banco e, novamente obtive um **não** como resposta. Finalizamos mostrando as falhas que foram cometidas. Os exageros, os excessos, devem ser pesquisados com bastante cautela, com extremo cuidado. Pode ser que não seja nada; contudo, é nosso dever usar o "feeling" o tempo todo. Com certeza, se o vigilante tivesse procurado saber mais sobre aquele elemento, teria percebido que o mesmo entrava constantemente na agência sem motivos, o que tornaria sua presença uma suspeita fundamentada. Seu real objetivo era ganhar a confiança do vigilante. Segurança é prevenção, as coisas não são tão complicadas; o simples fato de tomarmos conhecimento dessa ação criminosa já nos ajuda bastante e aumenta sobremaneira os nossos sentimentos, caso sejamos alvos de ações criminosas parecidas. É claro que dificilmente um banco é assaltado pelo próprio cliente. Aprendemos que jamais devemos subestimar o inimigo. O criminoso é inteligente e tentará sempre usar sua inteligência para atingir seus objetivos; assim, insistimos que segurança é sinônimo de prevenção. São as atitudes preventivas que

Segurança X sensação de segurança

realmente nos livram dos maiores problemas e nos permitem administrá-los corretamente.

Profissionais de segurança capazes tornam-se imbatíveis, pois conhecem o pensamento do inimigo. Sabem aguardar o momento fraco do inimigo. Sun Tzu dizia: **"A invencibilidade depende de cada um, assim como a vulnerabilidade do inimigo depende dele mesmo. Sucede que, quem é hábil no guerrear, sabe como se tornar invencível, mas não consegue, com certeza absoluta, tornar o inimigo vulnerável"**. (A arte da guerra, Sun Tzu, texto integral, da Editora Martin Claret-2001)

"O que depende de mim posso fazer; o que depende do inimigo não está em minhas mãos".

Mei Yao-ch'en

Por que tantos problemas financeiros?

Em 1992, fui responsável por um processo seletivo para uma grande empresa de segurança privada. No final do processo, iria entrevistá-los rapidamente, seria apenas uma entrevista de rotina, pois o tempo já havia se esgotado e o serviço deveria ser implantado no dia seguinte pela manhã. Em razão do tempo, os candidatos foram avaliados pelo médico e psicóloga. Com relação à sindicância, fizemos apenas o levantamento criminal previsto em portaria ministerial. Como não havia mais

Por que tantos problemas financeiros?

tempo, a sindicância da vida pregressa particular e profissional seria realizada posteriormente. Os vigilantes selecionados estavam agrupados numa determinada área; observei-os de longe e percebi que um deles estava bastante nervoso, talvez pelo fato de estar desempregado. Entretanto, percebi que havia algo mais; alguma coisa lhe preocupava. Pedi que entrasse na sala e, imediatamente iniciamos um bate-papo informal.

- Preciso muito desse emprego, estou passando por um momento muito difícil, disse ele. Eu já observara suas atitudes e ficara preocupado. Ele tinha aproximadamente uns 35 anos, uma boa estatura, discreto e posicionava-se com humildade. – O que poderia impedi-lo de trabalhar conosco?Perguntei. – Seria o resultado da sua sindicância?

- "Exatamente. Parece que vou nadar e morrer na areia, respondeu com os olhos cheios de água. - Me meti numa tremenda furada, uma encrenca danada, tudo por causa de um simples aparelho de ar-condicionado. O senhor gostaria de me ouvir? Disse ele angustiado. - Preciso que o senhor me ajude". Era no mínimo curioso o que acabara de ouvir. O que teria de tão importante para contar-me? E o tal ar-condicionado? Seria produto de um roubo? Acenei que sim com a cabeça. "O que houve de errado?" Agora eu estava intrigado. Ele percebeu a minha preocupação e antecipou-se. – "Não fiz nenhuma bobagem, não se trata de um crime". Seu olhar estava mais calmo. Voltei a fazer que sim com a cabeça e deixei-o falar.

Ele contou-me que trabalhava numa empresa de segurança. Sua escala de serviço possibilitava um ganho extra; tudo andava bem, até que numa noite bastante quente, levantou-se devido ao calor e dirigiu-se ao quarto onde dormiam seus três filhos. O ventilador velho lançava um ar quente sobre as crianças, que reclamavam do calor. No dia seguinte, dirigiu-se a uma loja de eletrodomésticos e comprou um aparelho de ar-condicionado. Seu objetivo era dar conforto aos filhos. A prestação não era tão pesada assim, levando em consideração as horas extras seria possível honrar aquele compromisso. A alegria foi geral, todos queriam dormir curtindo aquele ambiente agradável. Logo no primeiro

Por que tantos problemas financeiros?

mês, um de seus filhos contraiu uma gripe bastante forte, que se transformou numa pneumonia. Os gastos com a internação e remédios foram muito altos e a prestação do aparelho não pôde ser paga. Foi necessário recorrer a um agiota. No segundo mês, a conta da Light veio extremamente alta, devido ao uso do aparelho. Novamente, a prestação não foi paga, tampouco o aluguel. No terceiro mês, seu nome estava no SPC. Em virtude das diversas faltas e atrasos, devido aos problemas que estava enfrentando, foi demitido. Os problemas financeiros aumentaram o suficiente para abalar o seu casamento. Recebeu ordem de despejo, perdeu o emprego, perdeu o aparelho de ar-condicionado e perdeu sua família.

É óbvio que se não fosse um processo à "toque de caixa", se tivéssemos o resultado da sindicância num prazo normal, o vigilante em questão teria perdido a oportunidade e nós teríamos perdido um excelente funcionário. A oferta era e continua sendo, muito menor que a procura. O mesmo foi acompanhado à distância e nos mostrou que aprendeu a lição. Dois anos depois, nos

Segurança X sensação de segurança

reencontramos numa reciclagem e sua vida estava normalizada, dívidas pagas, enfim; um final feliz. Entretanto, é importante salientar que nem sempre os finais são felizes. Em segurança privada, precisamos aprender com o erro dos outros.

"As pessoas que vencem neste mundo são as que procuram as circunstâncias de que precisam e, quando não as encontram, as criam".

Bernard Shaw

A *importância da educação financeira para profissionais de segurança*

- "Seu tio começou a vida com um simples ovo de galinha" costumavam falar meus pais, tios e minha avó; todos bastante humildes, vindos de uma cidade do interior do Espírito Santo. Contavam que meu tio alimentou um pintinho que se transformou num galo, que foi trocado por uma galinha, que botou e chocou vários ovos, que foi trocada mais tarde com toda a sua ninhada por um leitão, que cresceu e foi trocado por uma cabritinha, que se transformou numa cabra e foi

A importância da educação financeira...

trocada com sua cria por um bezerro, que após trocas e trocas, transformaram-se em milhares de cabeças de gado. Vindo de uma família muito humilde, cresci ouvindo inúmeras histórias do interior, todas com o objetivo de nos passar experiências de vida e exemplos de economia e cuidados com gastos desnecessários, para que num futuro pudéssemos enfrentar com sucesso todas as ameaças existentes, e aproveitar todas as oportunidades que surgissem.

No livro "Pai rico pai pobre" de Robert T. Kiyosaki e Sharon L. Lechter, os autores abordam um tema bastante interessante. Logo no início, questiona se as escolas preparam as crianças para a vida real e, mostra a importância de uma educação financeira, bem direcionada, desde cedo.

As empresas de segurança privada enfrentam inúmeros problemas relacionados com dívidas de vigilantes. Imaginem uma empresa transportadora de valores, confiando milhões de reais em dinheiro vivo a um vigilante com sérios problemas financeiros. No caso de um sinistro, quem seria o principal suspeito? O dono do dinheiro

Segurança X sensação de segurança

ficaria contente se soubesse que seu dinheiro está sendo guardado por um profissional com graves problemas financeiros? A seguradora renovaria a apólice de seguros sem qualquer questionamento, caso tomasse conhecimento? Estas são apenas algumas das centenas de perguntas que poderiam ser feitas e, com certeza, difíceis de serem respondidas numa auditoria interna.

Certamente, os problemas são relacionados às falhas na educação financeira, que comprometem sobremaneira a vida profissional de milhares de pessoas. Em segurança privada, o problema se agrava, pois compromete o profissional e a empresa para a qual trabalha.

Ontem fui questionado por um vigilante em sala de aula que, num tom ríspido, fez a seguinte pergunta: – "O senhor quer dizer então que nós não temos direito ao conforto?" – "É claro que têm". Respondi olhando dentro dos seus olhos. – O que quis fazê-lo perceber é a importância de construir o quanto antes uma fonte de renda. Mesmo que seja apenas um real; uma vez colocado na sua fonte de renda, não permita jamais que ele saia. Seu olhar me acompanhava por toda a sala.

A importância da educação financeira...

Lembrei-me e procurei explicar o que, por diversas vezes, Robert Kiyosaki disse no seu livro: "**Fique no seu emprego, seja um ótimo empregado, mas construa sua coluna de ativos. À medida que o seu fluxo de caixa cresce, você pode comprar alguns artigos de luxo. O problema é que os ricos só compram artigos de luxo por último, enquanto pobres e classe média freqüentemente compram itens de luxo porque desejam parecer ricos. Parecem ricos, mas na verdade estão se afundando em dívidas. As pessoas que já têm dinheiro, os ricos a longo prazo, constroem primeiro a sua coluna de ativos; então, com a renda gerada por sua coluna de ativos, compram os artigos de luxo. Os pobres e a classe média compram artigos de luxo com seu próprio suor e sangue. Um luxo verdadeiro é uma recompensa por ter investido e desenvolvido uma coluna de ativos**". Finalmente, pude observar que sua expressão mudara, estava nitidamente mais flexível e analisava cada exemplo. Ao concordar, balançava a cabeça afirmativamente. A sala de aula estava repleta de alunos; todos ouviam atentamente quando um dos alunos levantou o braço pedindo para falar: – Concordo com tudo que o senhor falou. Se

Segurança X sensação de segurança

o senhor substituísse o aparelho de ar-condicionado por um carro velho, iria achar que o senhor estava falando de mim. Falou e olhou para toda a turma. – Foi a maior burrada que fiz, disse levantando-se e encarando a turma. - Comprei à prestação, não tinha seguro, derrapei num dia de chuva e acabei batendo num poste. Foi perda total. Arruinei minha vida. Fez-se silêncio na sala. Todos refletiam sobre o assunto. O objetivo tinha sido atingido.

Lembrei-me que outro dia observava um menino de rua, com aproximadamente 13 anos, que desembrulhava as bananadas que vendia e as devorava tomando refrigerante. Estava apenas de bermuda, descalço e sem camisa. No pescoço, havia um cordão prateado bem grosso, com uma medalha que não consegui identificar. Chamou-me a atenção um "rolo de linha 10" na sua cintura, que certamente serviria para "soltar pipa", pois a mesma já estava com "rabiola" próximo de onde estava sentado. Imediatamente, lembrei-me da questão educação financeira. Se aquele garoto vendesse uma "bananada" por R$0,20 (vinte centavos), poderia comprar duas

A importância da educação financeira...

bananadas; vendendo as duas, dobraria seu capital e poderia reaplicá-lo comprando quatro bananadas, que se fossem vendidas, novamente teria dobrado o seu capital e assim sucessivamente. Acontece que, por ser criança, por falta de orientação e, principalmente, devido à questão "educação financeira", quando atinge um determinado valor, aquele dinheiro ganho é desviado para outras coisas; nesse caso, rolo de linha, pipa, refrigerante, além de consumir o próprio investimento, no caso a bananada. O mesmo acontece com muitos e muitos adultos em outras proporções.

Um aluno, aproveitando a oportunidade, disse o seguinte: "- Instrutor, tenho um amigo que está sempre na pior. O que ganha, gasta. Outro dia, cismou em comprar um relógio à prova d'água, caríssimo e, como não podia comprá-lo a vista, fez um crediário a perder de vista. Com medo de lhe roubarem, escondia o relógio dentro do forno. No domingo, enquanto foi a feira, sua esposa querendo surpreendê-lo com um delicioso frango assado, terminou assando o seu relógio".

Segurança X sensação de segurança

Com esses exemplos, esperamos poder ajudar muitos vigilantes que, muitas vezes, perdem inclusive o seu emprego, em razão de dívidas contraídas por descontrole da sua administração financeira.

"*O futuro tem muitos nomes. Para os fracos, é o inatingível. Para os temerosos, o desconhecido. Para os valentes é a oportunidade*".

Victor Hugo

O vôo da águia

Essa é uma dessas mensagens super legais que estão na internet. Recebi de um amigo, li e achei importante e oportuno interpretá-la de acordo com a nossa visão.

A águia vive cerca de 70 anos. Mas para atingir essa idade, aos 40 ela deve tomar uma difícil decisão: nascer de novo, pois suas unhas ficam compridas e flexíveis, dificultando agarrar as presas com as quais se alimenta. O bico envelhecido, alongado e pontiagudo, se curva. As asas, também envelhecidas e pesadas, dobram-se sobre o peito, impedindo-a de empreender vôos ágeis e velozes. Restam à águia duas alternativas: morrer ou passar por uma dura prova, ao longo de 150 dias. Essa prova consiste em voar para o cume de uma montanha e abrigar-se num ninho cravado na pedra. Ali, ela bate o velho bico contra a pedra, até quebrá-lo. Espera, então, crescer o novo bico, até que possa arrancar suas unhas. Quando as novas unhas despontam, a águia extirpa as velhas penas e, após cinco meses, crescidas as novas penas, ela atira-se renovada ao vôo, pronta para viver mais 30 anos.

É fundamental que estejamos sempre quebrando aqueles velhos paradigmas que nos impedem de alçar vôos cada vez mais altos; é extremamente importante que deixemos de ser resistentes às mudanças, pois, como a águia, nos resta também, apenas duas alternativas: morrer estagnado no solo sem enxergar o infinito ou passar por uma dura prova, ao longo de alguns meses ou talvez anos. Essa prova consiste em voar para casa após o trabalho do dia-a-dia e abrigar-se numa mesa cravada no quarto. Ali, bater a cabeça nos livros até quebrar os velhos paradigmas. Esperar, então, com paciência, a sabedoria e o conhecimento até que possa colocar no

Segurança X sensação de segurança

papel, com as próprias mãos, idéias e sugestões de forma clara precisa e concisa. Quando as idéias despontarem, usar toda a coragem que possuir e muita perseverança para fazê-las acontecer. Aí sim, estaremos realmente prontos para enfrentar com sucesso todas as ameaças existentes nesse mercado; prontos para viver mais tantos anos quantos nos forem permitidos por Deus.

Reaprender a voar é ousar recolher-se para começar de novo. Eis a sabedoria de todas as religiões tradicionais, ao exigir de seus noviços um tempo de reclusão. O mesmo ocorre em muitas nações indígenas, quando o jovem, para ser considerado adulto, é recolhido a uma cabana isolada, onde o Xamã o submete a provas e o introduz em conhecimentos específicos. Mas é preciso voar até a montanha. De cima, vê-se melhor. Talvez por isso, Deus ao criar o ser humano tenha colocado a cabeça acima do coração. Ver com as emoções é correr o risco de desfigurar os desenhos. É saber esperar. Primeiro, ousar perder o que envelheceu: o bico, as unhas, as penas. Despojar-se do que atravanca os nossos passos. Segundo, aguardar pacientemente o tempo da maturação. Enfim, dar o salto, abrir as asas para a vida e, sem medo, empreender o vôo rumo a novos horizontes.

"Há homens que lutam um dia e são bons; há outros que lutam muitos anos e são muitos bons; mas há os que lutam toda a vida e estes são imprescindíveis".

Bertold Brecht

"Coisas de Deus..."

Lembro-me de um aluno que fazia questão de demonstrar sua insatisfação e dúvidas a respeito do reconhecimento profissional. Quanto mais eu explicava a importância da pró-atividade, do fazer acontecer, da iniciativa, do bom-senso e do discernimento para evoluir dentro de uma empresa, mais descrente e debochado ficava. Até que, incomodado com aquela postura, perguntei: "-Aluno, posso ajudá-lo? O senhor gostaria de fazer alguma pergunta?" O aluno olhou-me com insigni-

"Coisas de Deus..."

ficância, totalmente descrente de tudo e de todos: "- Instrutor, eu sempre procurei ser e fazer o melhor". Falou alto, e, corrigindo sua postura, continuou: "Depois de muito sacrifício, consegui entrar numa empresa de transporte de valores. Ainda não estava no carro-forte, trabalhava na escolta e procurava fazer o melhor. Não faltava, não chegava atrasado, procurava ser atencioso e atento para não ser surpreendido, enfim, era sempre elogiado por meus superiores, por fazer muito mais do que o necessário". O aluno realmente demonstrava ser uma pessoa bastante responsável. Tinha uma boa fluência verbal; contudo, demonstrava uma certa revolta com a vida. "- De repente, sem mais nem menos, fui chamado pelo meu chefe que, após elogiar-me, disse que tinha recebido ordens da matriz para desligar um determinado número de vigilantes e que o meu nome estava entre eles. Disse também que não concordava com a medida, mas estava cumprindo ordens". Neste momento, o aluno olhou dentro dos meus olhos, virou-se para a turma e fez a seguinte pergunta: "- Vocês acham que vale a pena arriscar nossas vidas para sermos tratados sem qualquer reconhecimento?" O aluno havia, nitida-

Segurança X sensação de segurança

mente, conseguido o apoio de parte da turma; e continuou: "Instrutor, realmente não dá pra aceitar". Engraçado que, momentos antes, havia recebido de uma amiga e ex-aluna, D. Vera Fraga, um texto que se encaixava muito bem àquela situação. Peguei-o e comecei a lê-lo para a turma. Dizia o seguinte: "Há muito tempo, num reino distante, havia um rei que não acreditava na bondade de Deus. Tinha, porém, um súdito que sempre lhe lembrava dessa verdade. Em todas as situações dizia: Meu rei, não desanime, porque Deus é bom!". Um dia, o rei saiu para caçar juntamente com seu súdito e, uma fera da floresta atacou o rei. O súdito conseguiu matar o animal; porém, não evitou que sua majestade perdesse o dedo mínimo da mão direita. O rei, furioso pelo que havia acontecido e, sem mostrar agradecimento por ter sua vida salva pelos esforços de seu servo, perguntou a este: -E agora, o que você me diz? Deus é bom? Se Deus fosse bom, eu não teria sido atacado e não teria perdido o meu dedo. O servo respondeu: - Meu rei, apesar de todas essas coisas, somente posso lhe dizer que Deus é bom e, que mesmo

"Coisas de Deus..."

isso, perder um dedo, é para o seu bem! O rei indignado com a resposta do súdito mandou que fosse preso na cela mais escura e mais fétida do calabouço.

Após algum tempo, o rei saiu novamente para caçar e, aconteceu dele ser atacado, desta vez por uma tribo de índios que viviam na selva. Estes índios eram temidos por todos, pois se sabia que faziam sacrifícios humanos para seus Deuses. Mal prenderam o rei, passaram a preparar, cheios de júbilo, o ritual do sacrifício. Quando já estava tudo pronto e, o rei já estava diante do altar, o sacerdote indígena, ao examinar a vítima, observou furioso: - Este homem não pode ser sacrificado, pois é defeituoso! Falta-lhe um dedo! E o rei foi libertado. Ao voltar para o palácio, muito alegre e aliviado, libertou seu súdito e pediu que viesse em sua presença. Ao ver seu servo, abraçou-o afetuosamente dizendo-lhe: Meu caro, Deus foi realmente bom comigo! Você já deve estar sabendo que escapei da morte justamente porque não tinha um dos dedos. Mas ainda tenho em meu coração uma grande dúvida: Se Deus é tão bom, por que permitiu que você fosse preso da maneira como foi? ... Logo você, que tanto o defendeu?

Segurança X sensação de segurança

O servo sorriu e disse: - Meu rei, se eu estivesse junto contigo nessa caçada, certamente seria sacrificado em teu lugar, pois não me falta dedo algum!

Após a leitura, o aluno, já com uma postura diferente, disse o seguinte: "- Instrutor, talvez o senhor tenha razão. Minha mãe disse que nada acontece por acaso. Na semana seguinte à minha demissão, a equipe que fazia minha rota sofreu uma tentativa de assalto e um companheiro foi baleado". Conversando com o aluno, chegamos à conclusão que o critério adotado, ao contrário do que ele imaginava, era o de contenção de despesas, mais especificamente com relação ao vale transporte. Todos aqueles que foram dispensados moravam distantes do local de trabalho e, muitas vezes, em razão da concorrência, as empresas são obrigadas a tomar medidas drásticas, deixando a emoção de lado, agindo apenas com a razão; assim, injustiças acabam acontecendo. Mas, quando analisamos friamente, acabamos percebendo que foram para o nosso próprio bem.

"Aquele que conquista uma vitória sobre outro homem é forte, quem conquista uma vitória sobre si mesmo, é poderoso".

Lao-tse

Uma arte milenar

Há cerca de 500 anos antes de Cristo, um filósofo chinês e estrategista de guerra, chamado Sun Tzu, redigiu em tiras de bambu um manual com treze capítulos, conhecido atualmente como "A arte da guerra". Vinte e cinco séculos se passaram e os assuntos ainda não foram ultrapassados. A primeira vez que ouvi falar de Sun Tzu, estava nas Forças Armadas, mais especificamente, na brigada pára-quedista. Um grande amigo e meu comandante, Cel. José Aurélio Valporto de Sá, fez um breve

Uma arte milenar

relato a respeito da filosofia de Sun Tzu. Alguns anos depois, ganhei o livro da minha cunhada, que retornava ao Brasil depois de morar um período na Europa. É realmente uma obra muito importante para quem trabalha com administração, em todos os seus níveis. A vida é uma guerra; é necessário que sejamos estrategistas, para conseguir administrar e enfrentar com sucesso todas as ameaças existentes nesse mercado. Procuramos sempre indicá-lo como leitura básica. Assim, aconselhamos e orientamos nossos alunos que leiam o livro em questão. Esta obra literária precisa ser lida com muita atenção; é necessário que constantemente estejamos avaliando e analisando as colocações de Sun Tzu e sua aplicabilidade. O livro traduzido por James Clavell, começa da seguinte forma: "**A guerra é uma questão vital para o estado, por ser o campo onde se decidem a vida e a morte, o caminho para a sobrevivência ou para a ruína. Torna-se de suma importância estudá-la com muito cuidado, em todos os seus detalhes**". Num determinado momento do livro, Sun Tzu diz "**... o verdadeiro objetivo da guerra é a paz**", e finaliza da seguinte forma: "**Dessa maneira, apenas o governante

Segurança X sensação de segurança

esclarecido e o general criterioso usarão as mais dotadas inteligências do exército para a espionagem, obtendo, dessa forma, grandes resultados".

O livro "A arte da guerra, foi publicado pela Editora Record, Rio de Janeiro, 1990. James Clavell, autor de Tai-Pan, Xogun e Casa Nobre traduziu e adaptou os treze capítulos de Sun Tzu para o inglês". Sun Tzu foi nomeado por Ho-lü, rei de Wu, comandante chefe de suas tropas, apenas em razão de uma simples demonstração de controle de tropas com mulheres. O rei havia lido os treze capítulos do livro e, intrigado, perguntou se Sun Tzu seria capaz de fazer uma pequena demonstração de controle de tropas. Sun Tzu respondeu: "-Sou sim". Ho-lü perguntou: "-Poderá a experiência ser feita com mulheres?" Sun Tzu assentiu: "Pode sim". Concordando, o rei mandou que do palácio viessem cento e oitenta belas mulheres. Sun Tzu dividiu-as em duas companhias, colocando à frente de cada uma delas uma das favoritas do rei. A todas ensinou como empunhar alabardas. Perguntou-lhes então: "-Sabeis onde estão o coração, as mãos, direita e esquerda, e as costas?". E as mulheres afirmaram: "-Sabemos".

Uma arte milenar

Sun Tzu explicou-lhes: "Quando eu der a ordem, 'em frente', virai-vos para onde o coração está virado". Quando mandar, 'À esquerda', voltai-vos para o lado da mão esquerda. Quando mandar, 'Á direita', voltar-vos-ei para o da direita. Finalmente, quando ordenar, 'À retaguarda', virar-vos-eis na direção das vossas costas ". E as mulheres tornaram a afirmar: " –Entendemos"

Uma vez feitas essas recomendações, informou-as estarem os instrumentos do carrasco prontos a funcionar, caso suas ordens não fossem obedecidas.

Sun Tzu proferiu as ordens três vezes e explicou-as cinco vezes mais, após o que ordenou ao tamborim que rufasse "Direita volver". As mulheres desandaram a rir.

Sun Tzu comentou: "-Se os regulamentos não são claros e as ordens não são perfeitamente explicadas, a culpa é do comandante".

Assim, repetiu as ordens mais três vezes e explicou-as mais cinco vezes, após o que fez sinal ao tamborim para que rufasse, "Esquerda volver". De novo, as mulheres caíram na gargalhada.

Segurança X sensação de segurança

Sun Tzu comentou: "Se as instruções não são claras, e os comandos, pouco explícitos, a culpa é do comandante. Mas quando foram bem claramente postos e não são executados de acordo com os ditames militares, então a culpa é dos oficiais".

Logo a seguir, ordenou que as mulheres no comando das divisões esquerda e direita fossem decapitadas.

O rei de Wu, que do alto do seu terraço assistia aos exercícios, viu que as suas duas queridas concubinas iam ser executadas. Aterrado, enviou com toda pressa um ajudante de campo, com a mensagem seguinte: 'Já verifiquei ser o general capaz de lidar com tropas. Sem aquelas duas concubinas, a minha comida perderá o seu sabor. É meu desejo que não sejam executadas.' Sun Tzu respondeu-lhe: "Este vosso servo foi por vós próprio nomeado comandante chefe, e quando um comandante chefe encabeça as suas tropas, não é obrigado a obedecer totalmente ao seu soberano".

Como exemplo, fez levar adiante a sua ordem de decapitação das duas mulheres que haviam comandado as duas divisões e nomeou as duas que se lhes seguiam em categoria como novas comandantes.

Repetiu as ordens com o tamborim, e as mulheres viraram à esquerda, à direita, em frente, à retaguarda, ajoelharam-se e ergueram-se, todas em total acordo com as instruções que lhes havia dado. Nem sequer ousaram produzir o mais leve ruído. Sun Tzu enviou nessa altura uma mensagem ao rei, informando-o que as tropas estavam agora em condições. "O rei poderá descer e inspecioná-las. Estão prontas a ser utilizadas em conformidade com os reais desejos, por meio do ferro e do fogo, ser for preciso".

O rei de Wu respondeu-lhe: "Pode o general voltar ao seu quartel e descansar; não inspecionaremos as tropas". Ao que Sun Tzu replicou: "O rei apenas aprecia palavras ocas. É incapaz de as pôr em prática". Ho-lu, ciente da competência de comando de Sun Tzu, elevou-o ao generalato.

As estratégias de Sun Tzu foram testadas, no período dos 'estados guerreiros', na China milenar, cerca de 500 anos A.C. e continuam sendo postas à prova até os dias de

Segurança X sensação de segurança

hoje. Em 1991, na guerra do golfo, os Estados Unidos obtiveram uma vitória surpreendente, com pouquíssimas baixas, com base nos princípios ensinados por Sun Tzu. É importante frisar que as estratégias de Sun Tzu não são utilizadas exclusivamente pelas organizações militares dos mais diversos países no mundo; hoje, os ensinamentos de Sun Tzu, são amplamente utilizados como estratégias empresariais no mundo corporativo. A Editora Martin Claret publicou em 2001, "A arte da guerra" texto integral, e segundo o autor, "**Muitos pesquisadores e historiadores negam a existência histórica de Sun Tzu...**" mas o autor continua: "**Como negam Homero, Pitágoras, Lao-Tsé e o próprio Jesus Cristo...**". O autor prossegue: "**Contudo, é de supor-se que 'A arte da guerra' não surgiu da mão de Sun Tzu como autor único e isolado, mas da veneração e dedicação dos discípulos pelo mestre, já que seus capítulos começam com a fórmula literária: 'Mestre Sun Tzu disse'**". O autor fecha da seguinte forma: "**Não existe uma biografia linear de Sun Tzu, com começo, meio e fim. O que existe são concisas narrações de alguns fatos de sua** vida. Por exemplo, é bem conhecido o relato de Shih Chi, Sun Tzu Wuch'i Lieh Chuan". Que o autor reproduz no decorrer do livro.

Em segurança privada, procuramos orientar nossos alunos dentro da filosofia de Sun Tzu, pois sabemos que o cliente não quer problema; sabemos que as empresas de segurança privada também não querem problemas; tampouco os criminosos querem problemas. "O mérito supremo consiste em quebrar a resistência do inimigo sem lutar"; já dizia Sun Tzu há 2500 anos. "As armas são sempre motivo de maus pressentimentos. A guerra é um acontecimento tão grave que os homens não devem entrar nela sem antes se preparar com a devida cautela e com profunda reflexão". Procuramos sempre conscientizar nossos vigilantes alunos, que segurança é sinônimo de prevenção. É de fundamental importância que o criminoso tenha a certeza de que, caso seja necessário, o profissional de segurança utilizará, sem hesitar, a sua arma; pois, estando atento, não será surpreendido; entretanto, existem inúmeras fórmulas e formas de evitar a ação criminosa. O uso da arma é

Segurança X sensação de segurança

sempre um mau sinal. O profissional de segurança deve estar consciente de que o confronto direto deve ser evitado a todo o custo, é um acontecimento muito grave. Os profissionais de segurança só devem reagir em último caso, e claro, se estiverem preparados; sempre com o máximo de cautela e com a devida reflexão.

"A receita para a eterna ignorância é muito simples e efetiva: esteja satisfeito com suas opiniões e contente com o seu conhecimento"

Elbert Hubbard

Qualidade comportamental, equilíbrio e inteligência emocional

Com certeza, são "**necessidades estratégicas em segurança privada**". É impossível evoluir neste segmento se não tiver um comportamento adequado diante das mais diversas situações e, também equilíbrio emocional para conseguir raciocinar e agir com competência, nos momentos mais críticos, nos momentos mais difíceis.

"... Se for sábio, um comandante é capaz de reconhecer quando uma situação muda e, em conseqüência, reagir rapidamente. Se for sincero, seus homens acreditarão em suas recompensas e castigos. Se for humano, amará a humanidade, simpatizará com os outros e saberá apreciar-lhes o engenho e o esforço. Se for corajoso, alcançará a vitória agarrando-se às oportunidades sem hesitação. Se for exigente, suas tropas serão disciplinadas, respeitando-o e temendo-lhe as punições ". (Sun Tzu)

A sabedoria, a sinceridade, a humanidade, a coragem e a exigência são os cinco atributos básicos. São algumas das principais virtudes de um profissional de segurança privada. Através da sabedoria, do conhecimento, o vigilante adquire o 'poder de convencimento'. Através do conhecimento, desenvolve sua percepção e reconhece facilmente quando os riscos são eminentes e, em conseqüência, inibe as ações criminosas. Se for sincero, através das suas linhas de ação e das suas atitudes, terá 'força de presença' e, conseqüentemente, terá crédito perante todos aqueles que o cercam e o observam. Se for humano, amará o próximo e entenderá facilmente que o respeito é uma conseqüência do saber respeitar. Se for corajoso, alcançará a vitória em razão do treinamento constante, buscando sempre o condicionamento reflexivo. Se for exigente, será respeitado, pois comanda através do exemplo.

"Confiar nos incultos e não se preparar é o maior dos crimes. Preparar-se de antemão para todas as contingências é a maior das virtudes". (Sun Tzu)

Estamos na era do conhecimento, vivemos num mundo globalizado e muitas vezes, até injusto. Sabemos que a maior preocupação no mundo é com o desemprego, pois com ele, arrastam-se as doenças, a miséria, a fome; enfim, conflitos e problemas. É necessário que estejamos bem preparados, em condições de competir. Só assim teremos alguma chance de aproveitar as oportunidades existentes nesse mercado. Precisamos avaliar constantemente todas as informações e informes que nos são passados, para não cair nas garras do inimigo, nas ciladas existentes em cada esquina de nossas vidas. É necessário o auto-investimento; torna-se indispensável desenvolvermos novas habilidades, que, na maioria das vezes, nem imaginamos que possuímos. Assim, estaremos realmente nos preparando para todas as contingên-

Qualidade comportamental, equilíbrio e inteligência emocional

cias, pois como profissionais de segurança, sabemos que segurança é sinônimo de prevenção. Lembro-me de uma história que retrata muito bem o assunto em questão. "Havia um mestre e seu discípulo, que nas andanças pelo mundo, chegaram a um lugar distante, sujo e miserável, que ficava no alto de uma montanha. Como já estava escurecendo, o mestre achou por bem pernoitarem por ali mesmo, para que pudessem continuar caminhando na manhã seguinte. Pararam numa espécie de rancho, o único existente naquele lugar e, pediram autorização ao proprietário daquelas terras para que pudessem descansar um pouco. Passariam a noite e continuariam a caminhada na madrugada do dia seguinte. Após terem sido autorizados, o mestre observou atentamente a situação daquelas pessoas. Era uma família numerosa; viviam na mais completa miséria. Havia crianças doentes, descalças e sem qualquer cuidado com higiene e limpeza. Antes de recolher-se, o mestre agradeceu a hospitalidade e perguntou ao proprietário daquelas terras: – **'Como o senhor consegue sobreviver com tamanha dificuldade?'** e aquele senhor, bastante humilde, com o semblante cansado respondeu: – **'Nós**

Segurança X sensação de segurança

temos aquela formosura ali, seu moço. É um presente de Deus'. Falou apontando para uma vaquinha. – 'Ela nos dá alguns litros de leite por dia. Parte nós consumimos, e o restante vendemos num vilarejo próximo'. Falou com lágrimas nos olhos, certamente com medo de perdê-la. – 'E assim nós vamos vivendo a vida que Deus nos deu'. O mestre agradeceu novamente a hospitalidade e, retirou-se com seu discípulo. Na madrugada do dia seguinte, levantaram-se, tomaram um copo de leite e antes de partir, o mestre chamou o discípulo e ordenou-lhe que empurrasse a vaquinha precipício abaixo. O discípulo ainda tentou argumentar: – 'Mestre, empurrar a vaquinha precipício abaixo? O mestre, implacável nas suas decisões, repetiu a ordem: –'Empurre-a agora.' O discípulo, sem querer contrariar o seu mestre, cumpriu a ordem e executou a vaquinha. Seguiram destino; entretanto, o discípulo jamais se perdoou por ter cumprido uma ordem tão absurda e acabou abandonando o seu mestre. Durante longos cinco anos, o discípulo sonhava com aquela cena: ele empurrando a vaquinha precipício abaixo e automaticamente condenando à morte aquela família de miseráveis. Após cinco anos,

Qualidade comportamental, equilíbrio e inteligência emocional

não suportando mais aquela agonia, retornou aquele lugar para pedir desculpas e explicar o que havia feito. Ao chegar no local, ficou bastante chateado e pensou: -'Tarde demais, eles não moram mais aqui". Havia naquele local, uma enorme mansão com carros na garagem e profissionais de segurança por toda à volta. Dirigiu-se a um deles e perguntou se sabia qual o destino da família que ali morava há aproximadamente cinco anos. O segurança respondeu-lhe: '- **Senhor, pelo que me consta, os proprietários dessas terras sempre moraram aqui'**. Nesse exato momento, o proprietário aproximou-se para saber o que estava acontecendo e reconheceu o discípulo. Cumprimentou-o e pediu que entrasse. O discípulo, ainda sem entender direito o que estava acontecendo, falou: '- **Vejo que o senhor prosperou muito. Fiquei muito contente em vê-lo bem e com saúde.**' O senhor agradeceu e respondeu-lhe: -'Naquela noite, aconteceu uma tragédia. Nossa vaquinha deve ter escorregado e caiu precipício abaixo. No início, foi um desespero, mas fomos obrigados a nos virar para não morrer. Aí, descobrimos que possuíamos inúmeras

Segurança X sensação de segurança

habilidades; habilidades que nem sabíamos que tínhamos. Assim, prosperamos muito, como o senhor mesmo pode ver.

É claro que como profissionais de segurança privada, devemos ter "feeling" suficiente para perceber que "vaquinha" está nos impedindo de prosperar. Entretanto, vale ressaltar que muitos profissionais de segurança, por falta de sensibilidade, confundem a "vaquinha" com uma "galinha", e em razão dessa falta de sentimento, acabam matando a "galinha dos ovos de ouro". E, em virtude de uma atitude errada e inconseqüente, por pura falta de sensibilidade, destroem grandes projetos de vida, quando não perdem tudo aquilo que construíram ao longo de muitos anos, às custas de muito sacrifício.

"Conhece-te a ti e ao teu inimigo e, em cem batalhas que sejam, nunca correrás perigo. Quando te conheces, mas desconheces o teu inimigo, as tuas hipóteses de perder ou de ganhar são iguais. Se te desconheces e ao teu inimigo também, é certo que, em qualquer batalha, correrás perigo".

Sun Tzu

Erro estratégico

Todos nós temos o direito de galgar novos degraus, temos o dever de evoluir profissionalmente, mesmo que para isso tenhamos que mudar de empresa. Entretanto, é necessário que sejamos bons estrategistas. Observo constantemente vigilantes que, por total desorientação, falam mal, criticam e recriminam a empresa em que trabalham. Vale ressaltar que, na maioria das vezes, sem qualquer razão, criticam, simplesmente por criticar; por pura mania. Certo dia, durante a instrução de 'atendimento com

Erro estratégico

qualidade' chamei a atenção de um aluno, pois, de forma insistente, tentava denegrir a imagem da sua própria empresa. O aluno se auto-valorizava, se achava o melhor dos melhores e, não aceitava o fato de não ser aproveitado como fiscal; já tendo sido preterido várias vezes por profissionais oriundos do mercado. A situação ficou insustentável, pois, além da falta de ética, faltava-lhe bom-senso nas suas colocações, até que lhe fiz a seguinte pergunta: "**O senhor se acha realmente muito bom. Será que o seu chefe tem a mesma opinião a seu respeito?**". O aluno olhou-me sem saber ao certo o que responder. Nesse momento, um outro aluno, da mesma empresa, perguntou-lhe: "**-Se você é tão bom, por que não procura uma empresa melhor, que possa valorizá-lo?**". E completou: "**-Será que você tem competência para conseguir uma empresa melhor? Se tem, por que ainda não procurou?**" Nesse momento interferi, pois o clima ficou tenso. Entretanto, o resultado foi bastante satisfatório. Aquele aluno precisava ouvir algumas verdades. No final da aula, procurou-me para pedir desculpas dizendo que tentaria mudar. É importante que não sejamos bobos; o campo é minado. Nos dias de hoje, devemos procurar

Segurança X sensação de segurança

saber onde estamos pisando. Existem inúmeras maneiras de averiguar a seriedade, a saúde financeira, a imagem, a política da qualidade; enfim, a credibilidade da empresa no mercado. Os próprios órgãos fiscalizadores (Delesp e Degae), podem nos ajudar com informações importantes. Certa vez assisti uma cena na própria Delesp (DPF/RJ) e sempre que posso, procuro contá-la no intuito de ajudar alguns vigilantes. Fui a Polícia Federal/Delesp para tratar de assuntos de interesse da empresa. Ao chegar, na sala de espera, encontrei representantes de empresas de segurança privada e alguns vigilantes que conversavam entre si. Um dos vigilantes, com lágrima nos olhos, contava a sua história. Disse: "Trabalhava numa empresa transportadora de valores e, como era bastante antigo, desconhecia a realidade do mercado e, como muitos, não valorizava o emprego que possuía. Tinha sempre em mãos o valor da indenização que receberia, caso fosse demitido. Disse que era questionador e alterado, vivia com barba e cabelo fora do padrão estabelecido pela empresa. Sempre arrumava uma dispensa que, segundo ele próprio, era através de um 'bombrilzinho'; enfim, tanto fez que acabou conseguindo a sua real intenção, ou seja, ser demitido com todos os seus direitos. Ao receber a indenização, comprou um carro e um ponto, onde montou uma espécie de botequim. No início, segundo ele, as coisas andavam conforme o planejado; mas por ironia do destino, sua esposa ficou doente, câncer de mama, e numa das crises em razão do tratamento, acabou batendo com o carro. Como não tinha um seguro de automóveis, além do prejuízo com o próprio carro, foi obrigado a pagar o conserto do outro veículo.

O negócio começou a não dar certo, prejuízo em cima de prejuízo. Assim tentou retornar ao transporte de valores. No início, achou que não seria tão difícil. Sabia que por normas internas, não poderia retornar à sua antiga empresa, mesmo porque não saiu com um bom conceito. Assim, deu início à sua peregrinação, visitando todas as empresas do mercado. Percebeu rapidamente que não tinha a menor chance de retornar ao transporte de valores. As portas estavam fechadas por diversos motivos. Aí tentou a segurança patrimonial; e logo percebeu que as exigências haviam mudado bastante. As empresas normalmente exigem um bom porte físico e peso proporcional à altura e, ele não se enquadrava

Segurança X sensação de segurança

dentro desse perfil. Exigem pelo menos o primeiro grau completo, com uma boa redação e fluência verbal; e ele também não se encaixava nesse perfil. Nesse momento, olhou para mim e disse que meus instrutores e psicólogos o haviam reprovado por dois motivos: no teste físico e também porque era fumante. Surpreendi-me, pois não sabia que o vigilante me conhecia. Tentou trabalhar como porteiro, mas também não conseguiu. Hoje em dia, os síndicos estão exigindo porteiros com um mínimo de escolaridade, para que possam administrar melhor os problemas com os condôminos. Só lhe restou uma saída, trabalhar como auxiliar de portaria, ganhando salário mínimo ". Como ele, ainda existem centenas de profissionais espalhados pelas empresas de segurança privada, que por falta de orientação, permitem que as oportunidades escorram pelas suas mãos. Muitos ainda acham que são simplesmente histórias baratas com um toque de demagogia, para sensibilizar alguns vigilantes. Entretanto, para aqueles que pensam assim, é aconselhável que conversem um pouco mais com seus amigos mais próximos a respeito desse assunto. Talvez na própria família, existam protagonistas de histórias similares".

"Os homens sábios aprendem com os erros que outros cometem; os tolos, com os próprios".

H. G . Bohn

Meu chefe é incompetente

É bastante comum a crítica do vigilante com relação ao seu superior imediato, o fiscal. Este profissional é o elo de ligação entre o vigilante e a empresa de segurança. Acreditamos que os erros que prejudicam a qualidade do serviço, ao contrário do que se imagina, não são simplesmente decorrentes da má atuação do gerente operacional ou do vigilante. Talvez a porcentagem de culpa seja bem pequena com relação aos gerentes operacionais, e menor ainda com relação à ponta da linha, os vigilantes. Estes, na maioria das vezes, só fazem o que os seus superiores os mandam fazer e, também, deixam de fazer muita coisa simplesmente por falta de orientação. Temos plena convicção de que o profissional que mais compromete a qualidade na prestação dos serviços de segurança privada é o fiscal. Um bom fiscal normalmente lidera um grupo de aproximadamente sessenta vigilantes; o número pode variar dependendo da filosofia da empresa. Observem que um bom fiscal, com características de liderança, é capaz de transformar sessenta vigilantes com problemas comportamentais em sessenta bons vigilantes. É verdade, um bom fiscal, através da empatia e do exemplo, com o tempo, ganha respeito e credibilidade junto aos seus subordinados. Ao longo de todos esses anos, percebemos que quando um fiscal se destaca, automaticamente é promovido. Por questões de custo, o investimento é bastante deficiente; muitas empresas têm problemas na contratação desses profissionais, devido ao baixo salário que oferecem. Hoje, vivemos uma espécie de transição com relação aos fiscais/supervisores de segurança privada. Muitos fiscais antigos, alguns com idade de se aposentar, foram vigilantes

Segurança X sensação de segurança

que se destacaram por boa apresentação pessoal, por não faltarem ao trabalho, por serem prestativos e educados. Entretanto, hoje não bastam esses atributos; é necessário que tenham outras características. É primordial que sejam líderes. Por outro lado, observamos fiscais com um bom nível de escolaridade, muitos com o segundo grau completo e outros até universitários, mas extremamente imaturos; não por questões de idade, mas por desconhecimento e principalmente por falta de vocação. Nitidamente, trabalham pelo dinheiro e, não pelo conhecimento. Com certeza, os gerentes operacionais sabem que esse é um problema em potencial. Entretanto, ou não têm autonomia, ou não sabem reverter o quadro. É necessário que se quebrem alguns paradigmas; o mundo evoluiu mais nos últimos cinco anos que nos últimos cinquenta anos. É necessário que o fiscal tenha um perfil adequado ao que o mercado exige; pró-atividade, iniciativa, bom-senso, discernimento, fluência verbal e escrita são qualidades imprescindíveis para este tipo de profissional. Existem inúmeros problemas que prejudicam o trabalho do vigilante. A função do fiscal moderno é eliminar todos estes problemas, de modo que o vigilante fique constantemente focado em sua atividade afim. O fiscal deve fazer com que os vigilantes sintam o desejo de fazer bem-feito o que devem fazer. O fiscal deve orientar, motivar e treinar constantemente seus vigilantes, preocupando-se bastante com todo o processo e não apenas com o resultado. Ou seja, muitos fiscais preocupam-se apenas com o vigilante fardado e sem alteração no posto. Somente preocupando-se com o processo, conseguirá eliminar os problemas que poderão atrapalhar seus vigilantes. Estamos abordando este assunto para que vocês, vigilantes, seguindo todas as orientações que foram dadas possam, através do conhecimento, adquirir as vantagens competitivas necessárias para enfrentar com sucesso todas as ameaças existentes nesse mercado.

"O problema não é que eles não enxergam uma solução, mas que eles não enxergam o problema".

Charles F. Kettering

Muito mais importante que o diploma é o conhecimento

Certo dia, ao chegar à empresa após uma reunião com um cliente, percebi um certo tumulto na recepção. Aproximei-me e sem que o candidato notasse, passei a prestar atenção às suas ponderações. O candidato estava realmente muito nervoso; andava de um lado para o outro e gesticulava bastante. Era alto, tinha um bom porte físico, mas sua apresentação pessoal deixava a desejar. Estava com a barba por fazer, trajava uma bermuda jeans larga e camiseta sem manga. Usava

Muito mais importante que o diploma é o conhecimento

óculos escuros e um boné que não escondia os cabelos compridos que cobriam as orelhas e calçava chinelos de dedo. A psicóloga o ouvia pacientemente, era necessário deixá-lo falar: "**-A senhora não pode me reprovar, estou com a ata em dia**". Repetia insistentemente as mesmas frases: "**- Eu não sou mau elemento, preciso trabalhar**". Já eram quase onze horas. Interferi com um 'bom-dia' e em seguida dirigi-me ao candidato: "**-Posso tentar ajudá-lo?**". O candidato olhou para a psicóloga que, imediatamente, apresentou-me. Solicitei a psicóloga que o acompanhasse até a sala de reuniões. Após servir água e café, pedi que me explicasse melhor o que estava se passando. Tratava-se de um candidato que havia sido reprovado num processo seletivo. O mesmo tinha sido encaminhado através do 'amigo do amigo'; contudo, infelizmente, não foi bem nos testes e entrevistas. É óbvio que procuramos sempre dar prioridade aos nossos alunos, principalmente aqueles que se destacaram durante o curso. Entretanto, sempre existem candidatos que são encaminhados pelo próprio cliente; assim, é necessário que tenhamos muita cautela nesses casos. Já mais calmo, o candidato me disse que sua esposa estava

Segurança X sensação de segurança

grávida e que morava com sua mãe e três irmãs numa casa bastante humilde. Disse que, com exceção dele, todos eram bastante religiosos. Disse também que era o único homem da casa e que seu pai havia sido assassinado quando ainda era pequeno. Contou com lágrimas nos olhos que, por diversas vezes, ouviu comentários que sua mãe não conseguiria educá-los corretamente. Que suas irmãs, certamente cairiam na prostituição e que ele seria um futuro criminoso. Assim, implorava uma oportunidade de trabalho. Estava na verdade diante de um tremendo problema social, vivido por milhões de brasileiros. Olhei dentro dos seus olhos e perguntei-lhe: "**– Eu quero ajudá-lo. O senhor quer ser ajudado?**" O mesmo fez que sim com a cabeça e, mais uma vez, pedi que me acompanhasse. Levei-o a ante-sala do estande de tiro e solicitei ao coordenador de instrução que providenciasse dois revólveres calibre 38 e cartuchos de treinamento. Pedi que a psicóloga, que também é uma profissional de segurança formada, o avaliasse tecnicamente com o revólver. Disse a ele: "**Queremos ajudá-lo. O senhor será avaliado tecnicamente, com sua ferramenta de trabalho**". Expliquei-lhe que a psicóloga não

Muito mais importante que o diploma é o conhecimento

iria fazer perguntas complexas. O teste tinha por objetivo avaliar apenas o conhecimento básico; o mínimo necessário para que ele pudesse trabalhar como vigilante, já que não tinha sido nosso aluno. Havia duas armas, e uma delas estava sem o percussor. A primeira pergunta foi a seguinte: "**- Se o senhor tivesse que escolher um dos dois revólveres para trabalhar, qual deles o senhor escolheria? E por quê?**" A pergunta era simples e básica; entretanto, o aluno não soube explicar. A psicóloga tentou ajudá-lo: "**- Verifique se estão em condições de uso!**" O candidato olhou, olhou e nada. A segunda pergunta foi a seguinte: "**Eu gostaria que o senhor municiasse e alimentasse esse revólver, com apenas um cartucho, de forma que no primeiro acionamento do gatilho, ocorra o disparo**". E mais uma vez, o candidato se enrolou. Primeiro, fechou o tambor com o cartucho na direção do cano. Depois fechou colocando-o do lado contrário. Perguntei se sabia as medidas preliminares para o manuseio do revólver e, obtive um não como resposta. Na altura dos acontecimentos, o candidato já estava completamente consciente que não tinha condições mínimas de trabalhar armado. Entretanto, em

Segurança X sensação de segurança

razão daquele breve 'bate-papo', nosso objetivo era realmente ajudá-lo. Assim, fizemos a seguinte pergunta: "**- Você aceita as nossas condições para que possamos ajudá-lo?**" O candidato parecia não acreditar que depois daquilo tudo, ainda fôssemos ajudá-lo. E respondeu sem pestanejar: "**- Claro, com certeza**". Na segunda-feira, lá estava ele, irreconhecível. Cabelo cortado, barba feita, apresentação pessoal impecável. Concluiu o curso de aperfeiçoamento em segurança privada com êxito e logo em seguida foi admitido numa empresa de segurança. Após o curso, o aluno procurou-me e disse: "**-O senhor não vai se arrepender de ter me dado essa oportunidade**". Desejei-lhe sucesso e que fosse com Deus.

"Eu acredito demais na sorte. E tenho constatado que, quanto mais duro eu trabalho, mais sorte eu tenho".

Thomas Jefferson

Qualidade e estratégias de atendimento

As empresas de segurança privada existem porque os clientes existem. Parece óbvio, entretanto, que muitos vigilantes ainda não se conscientizaram desse fato. É fundamental demonstrar o máximo de zelo com o cliente. Ele é a razão da nossa existência como profissionais de segurança. Não podemos nos esquecer disso. Muitos vigilantes, com a desculpa de "comprometer a segurança" agem de forma infantil. É importante esclarecer que não estamos orientando o profissional de segurança para sentar-se numa cadeira empoeirada, impedindo que o

Qualidade e estratégias de atendimento

cliente se suje. Esta atitude caracteriza o famoso "baba ovo", "puxa saco", perfil este bastante repelido pelos clientes. Atualmente, os clientes não querem simplesmente ser atendidos, mas a excelência no atendimento; de forma "rápida, curta, objetiva e extremamente educada". Em segurança privada, devemos sempre nos preocupar em passar para o cliente a sensação de que ele está seguro. Todos nós, antes mesmo de satisfazer nossas necessidades, gostamos de sentir por parte de quem nos atende o máximo de atenção e interesse em nos ajudar; não é verdade? Portanto, devemos demonstrar o mesmo respeito, interesse e atenção quando atuamos do outro lado. Devemos sempre procurar anotar e repassar para nossa empresa o que os clientes sugestionam, falam e reclamam. Desta forma, estaremos realmente demonstrando atenção e interesse em querer ajudá-los; e claro, estaremos ajudando de forma significativa nossa empresa. Não podemos deixar de falar que estaremos também, no mínimo, preservando nosso emprego.

Hoje em dia, as empresas de segurança que não possuem vigilantes de qualidade estão fadadas ao fracasso. Todas buscam bons vigilantes; portanto, o que na verdade vende,

Segurança X sensação de segurança

amplia, evolui, preserva e mantém o cliente nos dias de hoje é a amizade que determinados profissionais conseguem fazer. Acontece com naturalidade, sem "forçação de barra"; é uma característica do vigilante. O profissional de segurança que sabe valorizar o cliente, automaticamente o deixa feliz; e cliente satisfeito é sempre um bom sinal. Prestar um bom serviço e simultaneamente fazer uma boa amizade é a maior defesa contra os concorrentes. É aquisição de vantagem competitiva. Quando um cliente contrata os serviços de uma empresa de segurança, normalmente já tem uma idéia do que vai acontecer. Quando a empresa implanta o serviço com "vigilantes especiais", estes normalmente excedem as expectativas do cliente, surpreendendo-os. É sempre importante ressaltar que anotar as sugestões e reclamações dos clientes é uma forma de valorizá-lo. Um bom profissional de segurança, através dos seus sentimentos, "feeling", sabe reconhecer a importância do cliente e, conseqüentemente, a sua necessidade. Desta forma, através dos seus conhecimentos técnicos, dá a tranqüilidade necessária para que o cliente realize todos os seus negócios com pleno êxito.

"*O preço da perfeição é a prática constante*".

Andrew Carnegie

Saber ouvir é uma virtude

Vimos no decorrer dos assuntos que administrar conflitos e problemas não é para qualquer um. Entretanto, nós, profissionais de segurança, sabemos que estamos constantemente sujeitos ao mau humor de muitos clientes. As pessoas andam estressadas, irritam-se facilmente. Nesses casos, devemos ouvi-las cuidadosamente. É importante tentarmos perceber o que o cliente tem a dizer, sem jamais interrompê-lo. Deixe-o falar, preste bastante atenção, ouça-o. Assim, as chances de reverter uma determinada situação aumentam significativamente. Através da sua

Saber ouvir é uma virtude

exposição de motivos identificamos o problema, ou seja, o que realmente o deixou irritado. Vimos através de muitos exemplos que a irritação do cliente, normalmente é em conseqüência de problemas de ordem particular, profissional, conjugal, etc, e não de problemas de ordem pessoal, a nós que estamos prestando-lhe um determinado serviço. Sabemos que comportamento gera comportamento, assim, devemos ter muito cuidado com a nossa conduta e atitude. Somos profissionais de segurança privada, precisamos entender que uma simples abordagem pode desencadear um grande problema. Determinados vigilantes têm muita dificuldade para entender que um olhar errado, do tipo 'arrogante', 'prepotente', pode gerar muita confusão; tudo depende do estado emocional do "cliente". Se o cliente estiver de "bem com a vida", muitas vezes, ofensas graves não são suficientes para tirá-lo do sério. Entretanto, quando acorda com o "pé esquerdo", um elogio inconveniente é capaz de irritá-lo demasiadamente; portanto, use o seu "feeling" constantemente, perceba e use os seus sentimentos.

Vale lembrar que estamos abordando assuntos ligados à qualidade e estratégias de atendimento. Muitas empresas

Segurança X sensação de segurança

perdem clientes em potencial por demora no atendimento. Sabemos que, por falta de orientação, muitos vigilantes adiam informações de pequenos problemas que, em razão da demora, tornam-se enormes problemas. É necessário acabar com aquele jogo de "empurra empurra", do tipo "Isso não é comigo", "Esse problema não é meu". A responsabilidade é de todos, vigilantes, fiscais, supervisores, gerentes e diretores. Um vigilante bem treinado, com boa formação profissional, é capaz de evitar inúmeras situações desagradáveis para a empresa de segurança. As necessidades do cliente devem ser atendidas prontamente. É inacreditável, mas muitas empresas de segurança perdem bons serviços em virtude de boicotes de informações por parte de vigilantes e fiscais de segurança. É comum em muitas empresas uma espécie de competição entre eles, na maioria das vezes por falta de comando, intolerância e descrédito do fiscal de área. Acontece que o cliente não tolera mais a demora no atendimento. O certo é demonstrar para o cliente a nossa preocupação com o seu tempo, não podemos deixá-lo à mercê da sorte, aguardando pacientemente uma boa alma para atendê-lo.

"*A primeira lei da natureza é a tolerância, já que temos todos uma porção de erros e fraquezas*".

Voltaire

Obs: Entretanto, tudo tem limite.

Os olhos do dono engordam o boi

Todas as empresas possuem uma filosofia, visão, missão e estratégia de serviços; é muito importante que saibamos quais são as de nossa empresa. Certa vez, fui procurado pelo diretor de uma pequena empresa de segurança juntamente com seu chefe de operações. A empresa possuía uma carteira de clientes de fazer inveja a grandes empresas. Após visitar todas as dependências da escola, chamou-me para uma conversa 'em particular', onde relatou-me o real motivo da sua visita. Disse que a empresa estava passando por um momento extremamente difícil, pois em razão de um desentendimento com seu sócio, havia perdido completamente o controle da situação. Seu sócio cuidava do lado operacional e em razão do desentendimento, abandonou as suas funções, deixando a empresa numa situação deplorável. Assim, precisava de apoio e assessoria operacional. Solicitou-me, estrategicamente, a substituição imediata de todos os vigilantes lotados num determinado cliente, pois achava que o serviço estava sendo boicotado. Tratava-se de um total aproximado de quinze homens. Por ser um pedido do número um da empresa e, logicamente, por representar mais serviços para nossa empresa, me comprometi a ajudá-lo. Acionei o setor de recursos humanos da escola para que iniciasse o processo seletivo, deixando quinze vigilantes em condições de pronto emprego. Juntamente com um instrutor especializado em implantação de serviços de segurança, partimos para uma reunião com o cliente. Propositadamente, chegamos um pouco mais cedo, de forma que pudéssemos avaliar e perceber o ambiente. Após nos identificar como instrutores da Forbin, puxa-

Segurança X sensação de segurança

mos assunto com alguns vigilantes e, percebemos que havia profissionais do mais alto nível. Alguns desses vigilantes eram professores consagrados de artes marciais, reconhecidos no mercado; e foram contratados em razão de constantes brigas de adolescentes e grupos rivais, ligados a academias de artes marciais. Um problema grave que havia sido solucionado. Em razão das informações que colhemos, em pouco tempo percebemos que a situação era bem mais difícil do que supúnhamos. Fomos recepcionados pelo chefe de operações que nos acompanhou até a sala do cliente. Tratava-se de uma cliente, sexo feminino, que administrava todo o serviço de segurança; muito educada, mas bastante direta, objetiva e firme nas suas atitudes. Após nos apresentar, pedi que nos falasse um pouco dos problemas que mais preocupavam e comprometiam o bom andamento do serviço. De forma clara, precisa e concisa, olhando dentro dos olhos do chefe de operações, disse que o problema não era com os vigilantes; eles eram, na verdade, pobres coitados que não tinham dinheiro sequer para pegar o ônibus para o trabalho. Falou, dessa vez olhando dentro dos meus olhos, que por inúmeras vezes alertou a empresa a respeito dos problemas que estavam acontecendo e, nunca recebeu sequer a visita do diretor. Disse também que quando ligava para a empresa, não era atendida e que quando tentava ligar para o celular do diretor, ouvia o sinal de chamada e em seguida o sinal de ocupado. Disse que alguns vigilantes pediam a ela vale transporte para que pudessem trabalhar, pois seus salários não tinham sido pagos e que os rádios e motocicletas não funcionavam por falta de manutenção. Num determinado momento, virou-se para o chefe de operações, que por motivos óbvios, não sabia o que responder, e disse: "**-Você me conhece e sabe como sou. A verdade tem que ser dita**". E completou olhando para mim: "**Eu não acredito em milagres**".

Agradeci as informações e, logicamente a sós com o chefe de operações, disse que, apesar do que ouvimos, apesar do que constatamos numa rápida avaliação, tentaria ajudá-lo, pois quem me procurou foi o 'número um' da empresa. Portanto, acredito que quando a alta direção encabeça um determinado projeto, as chances de sucesso são bem maiores. E assim foi, encaminhamos um grupo de vigilantes formados e com treinamento personalizado para aquele cliente. Os vigilantes foram alertados para as dificuldades que poderiam enfrentar; contudo, esclarecemos que teriam apoio, pois a intenção da diretoria da empresa era a de reverter o quadro. Em pouco tempo soubemos pelo gerente e chefe de operações que os vigilantes estavam abandonando os postos ou pedindo demissão. Sem entender a princípio o que estava acontecendo, pedi a psicóloga responsável que convocasse e fizesse uma entrevista de desligamento com todos os vigilantes que foram encaminhados aquele cliente. O retorno foi imediato, todos faziam a mesma reclamação. Todos diziam que por mais que fizessem, por mais que alertassem seus superiores, não tinham retorno. Um dos vigilantes motorizados disse que logo no primeiro dia ao tentar alertar o fiscal sobre um problema com sua motocicleta, sem qualquer motivo, recebeu a seguinte resposta: "**Faça o seu trabalho a pé, se vire**". Ainda tentamos alertá-los com relação à falta de comando, mas percebemos que se tratava de um enorme paradigma. Entretanto, não havia mais tempo para quebra de paradigmas e talvez nem quisessem quebrá-los. Na semana seguinte, soubemos que haviam recebi-

Os olhos do dono engordam o boi

do o comunicado de aviso prévio. Naquela mesma semana recebi, no meu aparelho celular, uma ligação do diretor que queria agradecer todo o esforço e empenho da escola, mas que, infelizmente, não houve tempo suficiente para reverter o quadro. Queria também saber o valor dos serviços. Disse-lhe que lastimava que as coisas não tivessem acontecido conforme o planejado e que o nosso objetivo era realmente ajudá-lo. Despedi-me, deixando claro que ele não nos devia absolutamente nada.

"*O único homem que nunca comete erros é aquele que nunca faz coisa alguma. Não tenha medo de errar, pois você aprenderá a não cometer duas vezes o mesmo erro*".

Roosvelt

Mais estratégias de atendimento com qualidade

Vimos no decorrer dos assuntos básicos de segurança privada que o respeito e a educação devem sempre prevalecer. O profissional de segurança que atende com civilidade e polidez evidencia qualidade no atendimento. Devemos ter consciência que cliente é cliente e deve ser tratado como tal; para isso, é necessário romper determinados preconceitos. Muitas vezes, nos deparamos com clientes que nos causam uma ligeira má impressão devido à forma como se vestem e agem. Nesse casos, não esquecendo de tudo aquilo que aprendemos, principalmente com relação à percepção, o tratamento a ele dispensado deve ser exatamente igual a qualquer outro cliente.

Um vigilante "especial" age com naturalidade; é comum ver vigilantes agindo como se fossem robôs ou de forma displicente, meio que largados, dando-nos a impressão de que estão desatentos. É importante que fale alto, claro e em bom tom; não é educado gritar. Use sempre o bom-senso e o discernimento.

Procuramos sempre aconselhar nossos alunos que, se por algum motivo não conseguirem conquistar a amizade dos seus chefes e de seus clientes, é preferível procurar uma outra empresa, pois suas chances de sobrevivência e perspectivas de futuro são mínimas.

Muitos vigilantes têm vergonha de tratar os clientes por senhor ou senhora; principalmente quando se trata de pessoas mais jovens. Devemos iniciar todo o contato pessoal com um cumprimento, usando sempre palavras agradáveis do tipo: por gentileza, obrigado, seja bem-vindo, por favor, etc, de preferência chamando-o pelo nome. Atitude contrária caracteriza total falta de maturidade profissional. Quando um profissional de segurança entende o valor de simples atitudes, suas chances de evolução profissional aumentam significativamente.

Um vigilante inteligente consegue, através das suas linhas de ação, fazer com que o cliente se torne o seu maior aliado, divulgando o seu trabalho; enfim, ajudando-o a crescer profissionalmente. Ser profissionais significa ser competentes, devemos executar nosso serviço com precisão. Precisamos ter confiança no que fazemos, "precisamos conhecer nossos próprios limites", já dizia Sun Tzu. É necessário que tenhamos condições de resolver os problemas que são de nossa responsabilidade e, caso estejam além dos nossos limites, saibamos como obter ajuda.

"*É impossível para um homem aprender aquilo que ele acha que já sabe*".

Epíteto

Vigilante: águia ou galinha

Talvez esteja sendo um pouco pretensioso, mas gostaria que este livro pudesse realmente ajudar muitos profissionais de segurança que, por não saber que são águias, continuam estagnados no solo sem enxergar o infinito. Gostaria também que não fosse apenas mais um livro na estante desses profissionais; e, talvez por isso, seja realmente muita pretensão de minha parte. Nosso país é repleto de escritores renomados, muitos reconhecidos internacionalmente. Entretanto, nosso povo ainda não

Vigilante: águia ou galinha

adquiriu o hábito da leitura. Nosso principal objetivo na elaboração deste livro foi o de "conscientizar o vigilante". Através de métodos simples, mas eficazes, procuramos mostrar a este profissional de segurança privada linhas de ação e estratégias para que possa, além de defender seu emprego, alçar vôos cada vez mais altos neste segmento. Por ser um profissional de recursos humanos, e também por trabalhar com muitos psicólogos, aprendi e sempre que posso procuro utilizar nas minhas aulas contos, narrativas e parábolas. Recentemente, lendo o livro "S.O.S. dinâmica de grupo", de Abigenor & Rose Militão, da Qualitmark Editora Ltda, pude rever inúmeros contos e, entre eles, "A águia e a galinha", de Leonardo Boff. Na verdade, é uma pequena histórias baseada no livro em questão. Um fazendeiro caminhava por suas terras e encontrou um filhotinho de águia que havia caído do ninho. Estava bastante machucado e desprotegido, assim, levou-o para casa. Não tendo onde deixá-lo, colocou-o no seu galinheiro, junto com as galinhas, onde cresceu e aprendeu a se alimentar, viver e se comportar como as galinhas.

Segurança X sensação de segurança

Certo dia, o fazendeiro recebeu a visita de um amigo, biólogo e naturalista; papo vai, papo vem, o biólogo perguntou-lhe: "-Por que uma águia, rainha de todos os pássaros, deveria ser condenada a viver no galinheiro como uma galinha?". O fazendeiro respondeu-lhe: "-Ela foi criada no meio das galinhas, comendo como as galinhas. Nunca aprendeu a voar, não é mais uma águia, virou uma galinha". Mas, o biólogo insistiu: "-Ela tem coração de águia, tem sangue de águia; portanto, é uma águia. Precisa simplesmente aprender a voar".

Depois de muito discutir, o biólogo disse que com muita dedicação e constância de treinamento, seria possível mudar o comportamento da águia. Assim, pegando a águia nos braços, disse: "-Você pertence aos céus e não a terra, bata bem as asas e voe". A águia estava confusa, não sabia quem era e, vendo as galinhas ciscando e comendo, pulou e juntou-se a elas. O fazendeiro disse: "-Eu não disse que tinha virado uma galinha?". No dia seguinte, o biólogo novamente segurou-a nos braços, e disse: "-Você é uma águia, não uma galinha. Você pertence ao céu e a terra. Bata bem as asas e voe". A águia olhou para o céu, olhou para os lados e, vendo as

Vigilante: águia ou galinha

galinhas, pulou e mais uma vez foi ciscar. Inconformado, o biólogo novamente levou a águia para o alto de uma montanha, bem distante do galinheiro. Lá, novamente segurou-a nos braços, e disse: "-**Você é uma águia, seu lugar é o infinito. Você pertence ao céu. Voe agora; voe!**" O biólogo levantou-a na direção do sol. A águia começou a tremer e, lentamente, abriu as asas. Finalmente, levantou vôo para o céu, indo de encontro ao infinito.

Com certeza, existem no mercado muitos vigilantes águias; entretanto, ainda não descobriram e vivem como galinhas, estagnados no solo sem enxergar o infinito. Que tipo de vigilante é você? Que tal aprender a arte de voar e ir de encontro ao infinito?

Onde foste formado?

Onde foste formado?
O posicionamento superior é tua estratégia inicial;
Após, com diplomacia, administras conflitos e problemas;
Depois, utilizas a força da lei como uma ameaça;
Atacas somente se tudo isso fracassou.
Tens consciência de que segurança é prevenção.

Tua principal arma é o papel e a caneta.
Tens o poder de convencimento.

Segurança X sensação de segurança

Tens a força de presença.
És respeitado pela tua postura, conduta e educação.
És considerado pela tua coragem e determinação.

Assim como Sun Tzu, sabes
que o mérito supremo consiste em
quebrar a resistência do inimigo sem lutar.
Trabalhas com entusiasmo, eficiência e eficácia.
Teu serviço é sempre um exemplo
a ser seguido pelos demais.
Possui a perspicácia que complementa a tua estratégia.

Tens pró-atividade, sabes fazer acontecer.
Tens iniciativa, bom-senso e discernimento.
Tens vocação, és dedicado e treinas constantemente.
Teu condicionamento reflexivo é invejado.
Conheces todo o teu potencial, sabes do que é capaz.
Inteligente, sabes ouvir e mudas
sempre o teu modo de pensar,
pois não tens vergonha de progredir na vida.
Não subestimas o inimigo, conheces o teu pensamento.
Estás sempre esperando o pior;

Onde foste formado?

assim, jamais és surpreendido.
És um vigilante do futuro, administras o teu tempo.
És um profissional de segurança Forbin.
Consegues raciocinar e agir com competência nos momentos mais críticos,
nos momentos mais difíceis.
Não desprezas nenhum ser humano,
ama tua família, ama Deus.
Foste formado pela equipe Forbin.
Tens uma formação especial.

Filosofia praticada pela Forbin
Formação de Vigilantes Ltda.

"Brasil, acima de tudo."

Impressão e Acabamento
Gráfica da Editora Ciência Moderna Ltda.
Tel. (21) 2261-6662